女兒是吸收媽媽
情緒長大的

딸은 엄마의 감정을 먹고 자란다

朴又蘭———著

林侑毅———譯

悅知文化

愧疚的心、委屈的心、感恩的心

—— 關於女性的情感連結

「修道院？有那麼多事可以做，妳為什麼偏偏想去修道院？」

國中二年級時，一位非常要好的朋友曾經這樣問我。我是這麼回答的：

「嗯，可以一直等別人不是嗎？我非常喜歡等待的生活。我只要在同一個地方，每天以相同的動作祈禱，人們需要的時候隨時可以來找我，想離開的時候就離開。」

如今的我雖然已經離開修道院，不過想成為「等待者」的渴望，依然在諮商室裡徹底實現。

在這條路上遇見的無數悲傷與痛苦，都寫在這本書裡了。寫作本書的目的，是希望將女性在成長

過程中必然面對的所有情感，分享給更多的人，哪怕只能介紹一部分也好。

其中包含了不被理解而感到孤單、委屈的心；以為是關愛而付出，後來才發現適得其反，因而感到愧疚的心；以及即便如此，仍然對守護在我們身旁的貴人抱持感恩的心。

交稿後，我像是再次與撰寫本書期間攜手相伴的個案們道別，也向她們的父親與母親道別。悲傷不斷傾瀉而下，眼淚久久無法停止。在那段期間，我代替她們的母親致上歉意，也參與她們的悲傷，如今總算是送走了這些回憶。如果這本書能稍稍幫助讀者發現自己未曾了解的真實自我，並且獲得療癒，那將是我最大的喜悅。

在諮商室與個案見面交談，填滿了我生命中的多數時間。每天重複相同的生活，依照最單純的動線行動著。即便如此，我也未曾感到生命無趣，這是因為許多人的故事豐富了這間諮商室。每天與這些故事奮戰著，全心地投入其中，使我沒有多餘的精力去關心其他事情。

在諮商室裡的工作，經常得面對與解決各種誤解、扭曲關係造成的傷痛與創傷。

可能是他人對自己的誤會，或是自己與親朋好友錯綜複雜的扭曲關係。同時，這也是幫助一個曾經為人女兒的母親、一個在這名母親懷中誕下的女兒，以及一個在這名女兒懷中生下的孩子，解決困難的過程。

「人類，在本質上無法去愛他人。」

這是佛洛伊德的話。換言之，人類經營生命的最終目的，是要朝著滿足自我的方向前進。一個人付出所有精力的對象，最終仍是自己。即使是在家庭關係中、母女關係中，也沒有任何例外。

我們每天都在煩惱，煩惱著該如何拋下內心蟄居的母親幽靈、父親幽靈、社會上各種意見的幽靈，進而毫無罪惡感地活出真正的自我。人們在告別這些幽靈，活出自我之前，必然經歷無數的悲痛與失去，而自我生命的安放處，就在與這些情緒拉鋸的過程中某個或遠或近的點上。

孩子出生後，遇見第一個能滿足自己快樂的對象，正是母親。第一段人際關係的開始，也是母親。孩子渴望母親，並且跟著母親的目光認識世界，而母親對待孩子原始慾望與需求的方式及態度，將會決定孩子未來的模樣。由於孩子只能透過母親這個對象來滿足自己，所以從這點來看，母親對孩子有著絕對的影響力。

「母性」，便是在這個脈絡之下被創造出來的社會觀念。「母親必須為孩子付出一切」，這種近乎理想般的使命與幻想，造成各種疾病與衝突、痛苦。無法成為理想母親的自責感與面對外界賦予過多的要求，使得許多母親與孩子的關係陷入一團糟。

在父權社會中，母親與女兒似乎擁有較特殊的心理聯繫與情感連結。然而我們必須冷靜看待與接受這個事實：母親與女兒的關係，並不像大眾普遍宣揚的，或像多數女兒所期待的——無私的愛。唯有如此，我們才能走上與原生母親不同，屬於自己的另一條為人之母的道路。

我們和「母親」的世界，究竟有多麼密切的情感往來？彼此間所付出的情感，是

真正的愛嗎？在愛之中，必然也包含著毒性。本書要集中探討的，是關於世上所有母親和女兒正經歷著互相拉鋸的母女關係。並非父親沒有任何影響力或責任，只是將探討的議題選擇聚焦於母親和女兒間的關係，這點要先告知讀者，並希望大家能理解。

當我決定撰寫這本書時，最先浮現的情緒和想法是「擔心」。以專家身分說出來的話，真的可以寫進書裡嗎？我能對此負起多大的責任？各種憂慮不斷浮現。然而，我之所以最終能鼓起勇氣，是因為女兒一句鼓勵的話。她說：「**現在開始，是媽媽也要活出自己的時代。**」年幼的女兒給予了鼓勵，令我一時哽咽難言，卻也給予我再次投入寫作的力量。我要將滿滿的愛與感謝，獻給我那位願意忍受忙碌的母親、等待母親的女兒。

此外，我也要感謝願意與我分享自己的煩惱，並且同意將自己的故事寫進這本書裡的所有人，以及加入「慢郎中的書櫃」讀書會的三十、四十、五十多歲的媽媽們，感謝妳們花費將近兩年的歲月，持續陪伴我一起閱讀精神分析書籍。對於大家始終沒有放棄了解自己生命的精神，我由衷感到敬佩。

更重要的是，我要向正在閱讀本書的妳——曾經是某人女兒，又正是某人母親的妳，以及身處這個嚴峻時代的所有女性，表達誠摯的共感情誼。

寫於黎明前的心理診所「彼岸」

精神分析專家 **朴又蘭**

Contents

Contents

Chapter
2

Chapter
4

Contents

Chapter
6

跳脫母親的身分，活出自我的方法 ▼▼227

——關於母親的療癒

Chapter 1

女兒是靠母親的情緒
餵養長大

── 關於母親的情緒

給兒子關愛，
卻對女兒處處要求？

母親餵女嬰喝奶的時間，
比起餵男嬰喝奶的時間約少了30%。

從社會結構的觀點或父權的觀點來看，許多家庭中的女性比男性更常以滿足他人的方式來實現自我。女性有時以張羅男性（丈夫、孩子）的生活、提供照顧與滿足需求等方式來證明自我。

然而，這樣的照顧並不全然是為了對方。女性的奉獻不能視為單純的犧牲，自有其明確的原因。

雖然經常能看見女性以滿足他人的方式來彌補自身的匱乏，以此證明自己的存在，不過，這種方式大多用於兒子身上。她們對待女兒時，卻沒有一視同仁地採用相同的方式，這是非常矛盾的一點。

我帶著女兒見過幾次女兒朋友的媽媽們，在這個過程中曾目睹一個有趣的現象。假設大家點

| 18

的許多點心已經全部端上餐桌，多數女孩們會自然而然停下自己手上的事，聚集到餐桌旁，在母親的身邊吃著點心，視線全落在母親身上；但是男孩們，卻絲毫沒有停下電動遊戲或其他遊戲的想法。更驚人的是，母親們會理所當然地夾起點心，放進兒子的嘴巴裡。

類似情況不只發生在少數人身上，更是我們生活周遭常見的景象，由此看來，母親對待女兒和兒子的方式確實存在著差異。在聚餐的時候，女孩以母親為中心經營關係，而男孩們則更傾向於遊戲，也就是更關注於自己。

我們不妨再換另一種方式說明。如果女性更傾向於填補男性（丈夫或兒子）的匱乏，而非直接滿足自己的需要，那為什麼不以相同的方式來滿足女兒的匱乏呢？原因在於，母親將女兒視為自己的延伸，而兒子和丈夫則是以他人的身分分存在。也就是說，女兒之於母親，並非以獨立的身分存在，而是與母親本人相同的角色。當然，這個情況無法一概而論，不過確實是非常有意思的現象。這樣的關係，在日後決定男孩與女孩的心理結構上，是相當關鍵的部分。

女兒從出生開始，就面臨著匱乏

根據佛洛伊德等精神分析學家的研究結果，母親餵女嬰喝奶的時間，比起餵男嬰喝奶的時間約少了三〇％。若說女孩們從出生開始就面臨了匱乏，一點也不為過。女孩看見母親哭泣，經常以為母親的情緒就是自己的情緒。母親對於女兒能夠同理自身情況有時會深受感動，但也不一定都是如此。

女孩在認知或覺察自己的情緒之前，一般會將母親這個對象的情緒與自己畫上等號，認為那就是自己的感受。換言之，她們將自己也帶入了母親的狀況中。她們不像男孩那樣，能將母親帶入自己已經相對成熟的情感中；而是將自己抹去後，不自覺地帶入母親的情緒。許多女性經常像這樣將他人的情緒視為自己的情緒，進而試圖想滿足他人，或者以滿足他人的方式來滿足自己、充實自我。多數女性對他人的情緒或反應相當敏感，卻對自己的情況或感受顯得遲鈍，原因就在於此。

男孩將母親視為自己的一部分，因此長大成人後，多數人仍將妻子或戀人視為自己的一部分，認為女性的犧牲或奉獻理所當然。也因此，如果家中同時有女兒和兒

子，經常是女兒最先察覺母親的需求，並試圖迎合母親。而母親也認為這是再自然不過的現象，甚至暗自要求女兒比兒子做出更多的犧牲、放棄與退讓。

母親看待女兒的情感相當複雜。如果母親從小到大曾遭受冷落，就可能將自己兒時的模樣投射在女兒身上，用和自己父母一樣的方式冷落女兒、疏遠女兒。當自己內心的匱乏被女兒發現時，一方面她們會感到不安、彆扭；另一方面，則會想方設法去除心中的匱乏。此外，也有一些母親由於過去的匱乏而過度滿足女兒的要求，藉此補償自己。這是因為母親不將女兒視為他人，而當成年幼的自己來對待所造成的。

像這樣將女兒視為自己的延伸，女兒便容易錯失真正展現自我的機會。她們逐漸無法認清自己的情緒，最終過著在他人的情緒與反應下察言觀色的生活。所以身為母親，必須先努力認清自己的狀況、情感、慾望與需求。唯有如此，才能將自己的感受和孩子的感受分開來看，也才有辦法放下對自己和女兒不必要的罪惡感或責任感。

主動退讓的人生

曾是我諮商個案的英芝，她的兒時記憶中的第一個場景是這樣的。

當時還是嬰兒的弟弟，正在母親懷中安睡，只比弟弟大一歲的英芝也還是幼兒，但母親卻要求身為女兒的英芝站在弟弟身旁，輕輕撫摸弟弟的耳垂，讓弟弟可以舒服地入睡。英芝每次回想起這個場景，總覺得小時候的自己是那樣孤單可憐。據說一早起床，弟弟的耳朵已經被摸得腫起來了。

相較於得到母親較多照顧的哥哥、弟弟，遭到排擠的女兒所承受的，可不僅只是冷落和孤單而已。女兒還得全盤接受母親的情緒垃圾，受到的影響超乎想像。許多女性兒時過著迎合父母的生活，婚後又以相同的方式迎合丈夫與兒子，過著主動退讓的人生。然而她們在面對女兒時，卻能毫不猶豫地宣洩情緒。換言之，她們利用女兒追隨母親、體諒母親心情這點，盡情地宣洩自己的情緒。

雖然像過去那樣強求女兒犧牲或退讓、在背後默默支持兒子的情況，在現今社會

已較為少見，但大多數的女兒依然是母親宣洩情緒的窗口。母親在女兒成長過程中最常說的話，不外乎以下幾句：

「沒有妳，我還能依靠誰？」

「幸好還有妳，我才能堅持下來。」

「我只能靠妳了。」

利用這些話，母親再次將女兒勒緊，讓女兒覺得「原來我對媽媽那麼重要」、「原來媽媽少不了我」。這也是多數女兒渴望成為母親心目中最重要的一人，卻依然未能實現夢想，所以無法拒絕母親的要求。母親緊緊抓住女兒的渴望與未被滿足的匱乏，不願錯過能抒發自己所有抱怨與情緒的發洩管道。

常聽到許多女兒於婚後仍每天和母親通話，無論兒時或長大成人，我們都希望成為某人心中最重要且不可或缺的人，尤其是父母。女兒渴望實現的夢想，當然是成為父母心中的第一順位、絕對無法撼動的存在。

尚未被追悼的情感，
終將重新歸來

「
女兒比母親自己更能先察覺母親的
情感、需求與慾望。
」

我在接受精神分析諮商的數個月間，眼淚沒有一刻停止，只是不斷重複著「我好委屈」的話。即便那樣反覆述說自己感到委屈的情感，我卻無法理解自己說出的話。因為在我的記憶中，沒有發生過任何一個足以感到委屈的重大事件。當時替我進行精神分析的醫師，並未對此提出任何解釋。直到情緒治療結束後，過了好長一段時間，我才發現自己感到委屈的真相。

我的委屈，其實是「孤單」的另一種表現。

說到這裡，我在腦海中浮現一個場景：一名年幼的小女孩，獨自坐在偏鄉住宅庭院的一角玩耍。住在奶奶家好一陣子的她，經常在晚霞落入山頭的時刻，追在馬路上揚起塵土的公車之後。我又想起小女孩嚎啕大哭，說想見媽媽的場景。時間

之於女孩，一天就像千年那樣漫長。不想孤單一人的心情，以及本該見到母親、待在母親身旁的權利，都未能得到滿足。她所感受到的孤單，已非單純的孤單，而是近乎於委屈的孤單。

那時被生活壓得喘不過氣的奶奶，硬是拉著哭鬧不止的孫女小手，說要把孫女丟掉。「妳再哭的話，就給我滾。」奶奶一邊大聲喝斥，一邊對著公車招手。拉扯孫女的那隻手腕、那嘶吼的聲音以及當時的痛苦，至今我仍記憶猶新。女孩哭著想見媽媽，卻換來驅趕與責罵的委屈；只要搭上公車，似乎就能回到母親身邊，卻連公車也上不了的無力感；再怎麼思念母親、再怎麼哭喊，也沒有人願意伸出援手的孤立感；沒有任何人理解自己的疏離感，這一切回憶化為痛哭，不斷傾瀉而出。

「我好委屈！」

這是一句乘載過去所有痛苦的暗號。未被完全消化的情緒記憶，就這樣隱藏在我內心的各個角落，直到某天觸碰到適當的環境和時機，便再度現身。

在修道院過著團體生活時（我曾經是修女），經常將自己孤立起來。孤立對我而言是一種「追悼」。對於潛意識與模糊記憶中的經驗與情感，我努力找出類似且適當的環境和事件，一再回想與追悼。透過這種方式，讓過去尚未被徹底解決的情緒，開始以各種不同的樣貌回到我身上。

被困在過去的母親

擁有一雙女兒的智允，是個認真活在當下的平凡母親，也是任職於大企業的盡責上班族。孩子的父親，無論是作為一位丈夫還是父親，都給予了最大的支持。這對夫妻從年輕的時候開始，就撥出自己的時間和部分收入幫助貧困孩童，並積極從事志工活動。

智允第一次來到諮商室時，表現出難以形容的不安。她說，不知道從什麼時候、從哪裡開始出了差錯，總之，自己過得非常不安、痛苦。我花了相當長的時間，與智

允一起進行深度諮商。

智允的兩個女兒都曾接連染上重病，也都動過手術，不過夫妻倆並未意識到大女兒的情況如此嚴重。更正確地說，他們並未花太多精力在女兒身上。幾年之後，二女兒也出現了狀況，必須住院接受治療。尤其二女兒有失聰的問題，幾乎無法回到原本的聽力水準。為了找出疾病的原因，他們也將女兒送到大醫院檢查，但是並未找出明確的病因。最後只能交給時間，期待孩子自然痊癒。

智允非常擔心身為父母的自己是否做錯了什麼。仔細分析她的擔憂，發現相較於擔心孩子的病痛無法痊癒而不知該如何是好，她更擔心如果錯在自己，該怎麼辦？

許多女性，尤其是母親在面對孩子生病或出問題時，通常不是先關心孩子，而是自己先產生罪惡感，擔心是自己的錯誤造成。這個罪惡感看似是母親對自己的自責，但更嚴格來說，也可能是母親保護自己的方法。無論如何，比起擔心孩子的狀況，母親更先擔心自己。而「會不會是我的錯」的不安、「我是不是個壞媽媽」的焦慮，又

使她們再次錯過重要的時機。在如此關鍵的時刻，母親表現出來的態度不是冷靜分析事情與狀況，而是向內退縮。比起受病痛折磨的孩子，母親首先想到的，反而是自己的角色和形象。

任誰看來，智允都是模範媽媽，兩個女兒也是相當活潑開朗的孩子。女兒們在無關父母遺傳基因的情況下發病，自然是一場意外。然而，智允卻四處尋求諮商的協助，並在發現原因可能是來自於本身的匱乏和慾望後，受到了不小的打擊。這不是在單純探索親子關係時發現的，而是在了解智允原生家庭的環境與時空背景，以及當智允兒時的創傷與匱乏一一浮出檯面後，才逐漸清晰。

「被過去魔掌完全控制的人生令人難以忍受，所以追悼的行為必須發生。」

——達里安·李德爾*（Darian Leader）

在關心之外長大的母親

智允雖然從小生活在哥哥的陰影下，被父母冷落、忽視，卻仍努力成為不讓父母操心的善良女兒。她不僅在公司是一位深受器重的員工，也從大學開始，全心投入幫助貧困兒童的團體中，至今不曾間斷。

小時候，智允以為只要努力學習，就能獲得父母更多的關心與疼愛，所以拚盡全力取得優秀的成績，卻仍遠遠不及哥哥所得到的關注。她反而從父母的態度中，看見他們對身為老二、又是女兒的自己不抱任何期待，從小到大生活在強烈的疏離感之中。自小體弱多病的哥哥，則占盡了父母的愛；而智允再怎麼努力，永遠都在父母的關心之外，甚至經常有：「我一點也不覺得痛……。」的想法。

孩子經常利用身體的疼痛來獲得父母的關心，智允又怎麼會感覺不到疼痛呢？或許是因為她認為不讓父母操心，就是幫了父母的忙，而幫了父母忙的女兒，自然也就

＊註：達里安・李德爾，是英國的心理分析專家和作家。

會被父母接納。所以即使感到疼痛，也不能自由表現出來，小小智允的內心肯定相當不安。

在那樣的環境中，想必當事人智允也不容易察覺，自己對父母的關心和關愛的渴望有多麼強烈。儘管智允為人謹慎誠懇，深受旁人的信任，但她卻已經習慣當一個毫無存在感、安靜且不被他人看見的人。這正是智允的人生。

智允就這樣在父母的關心之外長大了，然而，在她生下兩個孩子之後，以及兩個孩子生重病時，孩子們卻獨占了所有人的關心與擔憂，也得到無微不至的照顧。而這正是智允從前最渴望得到的獨占經驗，內心不禁有一股不曾體驗過的奇妙快感。過去認為直接向某人索求關愛或關心並不恰當的智允，發現比起自己獲得關心，她更期待、渴望孩子獨占旁人關心與關愛。換言之，智允從孩子獨占旁人關心與關愛的模樣中，暗自獲得快感。而在看見身旁同事或職場中的前輩對其他同事的孩子表達關愛時，智允心中也會產生無法按捺的妒火。

智允最擔心的是變成「不合格的母親」。然而，這並非是擔心自己真的變成不合格的母親，而是「擔心自己被當成不合格的母親」。她在意的是——自己的形象。

智允真正的罪惡感源於自己不斷忽視的內在需求，而不是未照顧好孩子使孩子生病。實際上，她並非不合格的母親，只是她不願接受這個事實，不願相信自己。在諮商室中與智允長期交流，我發現她還是一個討人喜歡又可愛的女人，可惜的是只有她自己不知道，不過我最終也沒有直說。因為只要當事人沒有認識到自己的可愛之處，也就不會相信自己有多討人喜歡，那麼，旁人的話終究只是不痛不癢的安慰，就像一陣風般立刻消失不見。

如何不利用孩子來滿足母親的匱乏

即使帶著潛意識中的扭曲與創傷，以及想藉由孩子暗自獲得補償，智允內心深處仍有一個聲音：「我想解決自己沒有意識到的某些問題。」所以她循著這個聲音，

來到了我的諮商室。可見她已經鼓足了勇氣，想要跳脫曾經緊緊束縛著她的「模範母親」的形象。

看著智允一方面擔憂害怕，一方面又堅強地面對自己的模樣，我不禁替她捏了一把冷汗，也衷心期盼著她千萬不要逃避，和我一起堅持下去。若放下了心理師的身分，我是非常喜歡智允的。不過，更重要的是智允並未逃避，而是選擇堅持到最後，我只有感謝再感謝。

看著智允，我終於明白了母親體內同時存在著毒性與母性，一邊是想吞噬孩子的毒性，一邊則是想保護孩子不被毒性攻擊的母性。

女兒比母親自己更先察覺到母親的情感與需求、慾望。在大女兒和小女兒接連罹患重病的過程中所承受的傷害，可以藉由母女之間強烈而緊密的心理聯繫來解決，這道聯繫是我們難以用言語形容，也無法以物理方式來證明的。

法國精神分析學家弗朗索瓦茲・多爾多（Françoise Dolto）曾說：「兒童的心理

症狀、生理症狀，是母親沒有說出口的謊言。」更說道：「孩子明白母親沒有明說的一切。」所以對母親而言，孩子有時也扮演了填補或補償母親內心空缺的角色。

主動發現並控制自己潛意識的行為是相當困難的，這也是為什麼比起向外尋求解決之道，人們更需要不斷努力了解自己內在慾望的原因。我們的內心雖然難免存在著微小、邪惡的需求與慾望，卻仍有想脫離這些情感、追求自由的需求和意志。越是壓抑和逃避，情感鬱結就越深，最後甚至會將這些難以捉摸的情感鬱結責任與過錯，歸咎於身邊的家人。正視、認同與接受自己潛意識的慾望，反倒有助於脫離這些情感，只是這條路並不好走。人們潛意識中的匱乏與慾望，使得過去的自己無法向外跨出一步，而這也正是所謂的「偏執」。

「父母與年幼子女的潛意識共鳴。」
——卡特琳娜・瑪德琳（Catherine Mathelin）

愛是自私的

「
　如果媽媽當初乾脆放棄爸爸，
　我們互相扶持努力，
　今天也不會走到這樣反目成仇的地步。
」

　一位心理學家曾說：「缺乏母愛的母親不懂得照顧孩子，卻期待孩子多愛自己。」根據我的臨床經驗，與其說是缺乏母愛，不如說母親本身的匱乏感越強烈，就越希望能透過孩子解決匱乏。當母親陷入自己的匱乏感時，便無法成為孩子期待的母親，為孩子提供充足的養分。此時，母親兒時的匱乏感可能來自於真實的經驗，也可能與實際經驗無關，僅是因為兒時主觀認定的匱乏逐漸累積形成。

　無論男女老少，我們內在都有渴望被擁抱的依賴需求。在夫妻關係中，如果雙方相處和諧親密，透過孩子滿足的依賴需求將大幅降低；而無法從配偶身上滿足親密與依賴需求的女性，則會透過最容易親近的孩子解決此需求。

父親也經常透過女兒填補妻子或自己的母親無法滿足的依賴需求，不過，更多的男性是透過外在方式解決或獨自沉迷於遊戲。近年來，大人與小孩最容易宣洩依賴需求的，正是智慧型手機。許多人二十四小時智慧型手機不離身，以此維持心理上的依賴和親密。

無法放下無能丈夫的原因

在成長階段的幼兒，會向出生後接觸的第一個對象──母親，暴露自己肉體的脆弱，完全地依賴母親。直到兒童期之前，孩子對母親的依賴與保護需求最為強烈。此時，如果父母的照顧不夠周全，或者實際上雖有照顧，但孩子卻依然感到匱乏時，這個未被滿足的依賴需求，將在孩子長大後以不同的形式被保留下來。就像孩子願意為照顧自己的對象放棄自己，服從對方，多數女性也不惜奉獻與犧牲自己，只願找到能保護自己的人。孩子們認為受到保護等於被愛，女性則認為給予保護等於付出愛。

其實在眾多母親之中，有不少人選擇和無能的丈夫度過一生（儘管她們實際生活能力強，也有足夠的體力保護自己），她們因為對心理上的依賴、照顧與保護，有所需求、期待與憂慮，而不惜為此付出巨大的犧牲。無論付出多大的代價，只願換來不被拋棄的母親們，反倒消耗了自己的生命。

然而，她們在付出巨大代價所維繫的家庭生活中，真的沒有被拋棄嗎？緊抓著家庭表面的軀殼和形象，能說服自己沒有被拋棄嗎？不知道有多少夫妻已經過著貌合神離的生活，只是無法放棄家庭這個象徵性的假象，才以顧慮孩子的名義迴避彼此？最令人絕望的是，一些母親將這個犧牲美其名為顧慮孩子的感受，而將責任和代價轉嫁到孩子身上。

許多從小看著母親因父親而受盡折磨的女兒，在諮商室裡一定會這麼說：

「如果媽媽當初乾脆放棄爸爸，選擇我們，讓我們互相扶持努力，今天也不會走到反目成仇的地步。」

站在身為母親的立場來看，這是一句非常殘酷的話。因為這句話，等於要求母親只為子女而活。即便如此，如果女性以為守護了家庭這個軀殼，就能安慰自己已經盡了為人父母的責任，恐怕有些牽強。因為母親很容易忽略子女在這個環境中，經歷著什麼樣的心理疏離與存在疏離。

其實，如果子女和父母維持穩定的一對一關係，那麼，正如我們所說的，孩子無論面臨何種破壞性的情況，都能妥善適應並堅持下去。被稱為兒童青少年精神分析大師，也是醫學專家的唐諾·溫尼考特（Donald Winnicott）如此說道：

「在婚姻生活出現困難時，孩子們只能被迫適應家庭的崩壞。即使是父母不得不離婚和再婚的情況，孩子也會知道有時必須成全大人的分離。」

這正是為什麼母親不該以顧慮孩子為藉口，逃避自己感到害怕、想要迴避現實的原因。

犧牲型母親的背叛

依賴需求，是試圖維持快樂且近乎衝動的固執。依賴性強的母親，大多將自己放在受害者或弱者的位置上。然而有趣的是，依賴需求的另一面則是支配需求。「我的需求必須由別人來滿足，所以我會變得不幸也是別人的錯。」

她們過度依賴丈夫，而當丈夫不肯給予她們所期待的，或者不能滿足她們所要的，因為無法獲得滿足，進而將這個代價或要求轉嫁到孩子身上。這群母親們不是不努力負起責任，而是認為自己不具有能負起責任的力量和資源，害怕做出任何決定或選擇。其實原因不只在於她們所理解的自身軟弱和脆弱，更是因為一個人面對自己的問題時，思考該做出何種選擇和決定，並為此負責的過程是如此的孤單與孤獨。這是無法和任何人共同完成的事。

依賴性強的人並不一定懶惰，她們比任何人都努力生活，只是她們將所有精力和目光都朝著外界。她們不停向外尋找原因，孤獨地為解決問題付出努力。像這樣將自己交給配偶或身邊的家人、外部資源，自然是更安全、簡便的方法之一。她們看似將

生命的一切交給配偶或權威者，讓出主導權給他們，但這其實是間接的支配與掌控。

當然，選擇依賴他人以謀求方便，代價自然是身體上的犧牲與奉獻。這個犧牲與奉獻將使自己成為對方不可或缺的角色，促使權威者保護自己。

然而，如此犧牲、忍耐、奉獻，換來的如果只是匱乏及挫折，當事人心裡必定充滿憤怒與怨恨。某些母親與控制慾強的丈夫生活在一起，一邊對生活感到厭倦，經常以受害者自居，抱怨自己受盡苦楚，卻又一邊試圖維持這樣的控制，甚至還有人樂在其中。我曾經聽過有人這麼說，著實嚇了一跳：

「我先生真的是想怎樣就怎樣，控制慾又很強，煩都煩死了。但是這種比較強勢的另一半，好像還是需要的。」

女性為求依賴而犧牲奉獻，最終目的在於她們期待的保護感。雖然女性的確需要基本的保護，但是也不如想像中的那樣，得不到他人保護或無法依賴某人，就會立刻崩潰。然而，有些人為了維繫依賴的關係，甚至憑空想像出不切實際的不安。

對孩子的愛，其實是母親的私心

我在諮商室裡遇過依賴性較強的個案，大多表現出用心傾聽、順從的態度，但她們最終仍不願主動解決自己生命的課題，也不想表現出隱藏在內心深處貪求方便的心理。但是只靠身體上的犧牲和奉獻，是無法解決生命中的許多課題。我也曾經聽過這樣的話：

「要我花一小時陪孩子玩，我寧願花十個小時種田。」

在生理上犧牲身體，在精神上一再忍耐退讓的母親，有時也會向長大的女兒要求和自己一樣的犧牲，或是以過高的期待壓得子女喘不過氣來。反之，當母親不願意關心子女，只專注在自己的生活上，女兒將無法放下沒有被母親滿足的依賴需求，即使長大成人，依然會圍繞著父母打轉。

孩子撫慰父母的力量，是無人能比的。深夜結束工作回到家，丈夫再怎麼安撫，也沒有多大的效果；但是，只要在女兒身邊躺下，所有辛勞立即一掃而空。只是一旦沉迷於孩子帶來的甜蜜撫慰，夫妻關係也可能就此漸行漸遠。

曾有一位學長向我大吐苦水，說自從生下第二胎後，夫妻之間就沒有同房過，因為妻子整天只想抱著孩子入睡。雖然妻子嘴上說是孩子不想和媽媽分開，其實他感覺得出來，是妻子自己不想和孩子分開。如此緊密的母子關係，當然是任誰都無法阻礙。而在這樣的親密和依賴關係之下，生命主導權受到控制的一方自然是孩子。

和朋友的約定可以違背，面對母親的要求卻無法拒絕，這正是身為女兒的現實。女兒藉由母親滿足自己被人所需要的慾望，同時母親也是女兒渴望的對象，女兒對母親的依賴由此形成。換言之，雙方形成互利共生的關係。

當母親對女兒的依賴，達到無法接受女兒心理上的分離或獨立的程度時，這個依賴雖然暴露了母親的懦弱，卻也讓母親成為孩子眼中具有威脅性的恐懼來源。英國兒

童心理學家唐諾・溫尼考特說：「絕對依賴的關係之所以建立失敗，原因在於不論男女，皆對於能決定自身命運的女性感到恐懼。」意思是，當嬰幼兒在母子關係中，無法對絕對的依賴抱持信任時，將會產生「母親」（決定自身命運的女性）隨時可能拋棄自己或威脅自己的恐懼。只要母親無法釐清自己感到不安與渴望依賴的真正原因，而繼續處在情緒不穩的狀態下，孩子便可能對女性產生根本的恐懼與敵視。

如果母親的依賴與不安未能得到解決，又無法從年幼的子女身上獲得自己渴望的愛時，也可能因為承受不了一切而出現情感報復的行為。在母親的情感報復面前，孩子最終只能放棄自己。因為對孩子而言，母親不是她們可以選擇的對象。

「絕對依賴的關係之所以建立失敗，原因在於不論男女，皆對於能決定自身命運的女性感到恐懼。」

——唐諾・溫尼考特（Donald Winnicott）

母親是神

> 許多母親認為必須掌握孩子的一切，
> 才能給予保護。但真的要
> 掌握一切，才能幫助到孩子嗎？

在智力發展尚未健全的孩子眼中，看見的不是真正的母親，而是他們透過想像建構出來的形象。在孩子的想像中，母親有時是接近全知全能的神，有時是極其殘忍、恐怖又冷酷的黑暗形象。母親在孩子心目中是絕對的存在，然而這與母親的實際模樣毫無關聯。孩子的夢中偶爾會出現可怕的母親，她們以老鼠、蟲子、魔鬼的模樣現身，威脅著孩子的安全。這些源自於孩子想像中對母親的不安，而觸發這股不安的因子正是母親，也是女性形象中的黑暗面。

榮格在分析心理學中提到女性的黑暗面，認為其中存在著「暗中的掌控與吞噬」。我們經常以象徵手法將母親比喻為大地，大地以其肥沃滋

養人類。然而，當大地貧瘠乾涸時，必然出現龜裂，而這些裂痕也可能顛覆一切、吞噬萬物。所有人與生俱來就對「絕對存在者──母親」感到不安。對孩子而言，母親本身就是一個難以理解的對象。

「犯了錯會不會被媽媽丟掉？被媽媽趕出去？」這是人類早期最原始的不安，有時也直接激發孩子產生「媽媽可能會傷害我」的被害妄想。我們經常可以看見孩子為了克服這樣的妄想，而出現各種暫時性的強迫症。例如，舉行睡前儀式或做出某種特定反覆的動作。當父母尤其是母親教養過於嚴格或強制禁止時，孩子便會將母親想像成具有威脅性且可怕的角色。

從宗教的角度來看，雖然我們將自己寄託於神，卻也敬畏著神。這是因為我們假設神已經了解自己的所有想法和言論、所有行為的意圖和意義，我們是神予以審判的對象。

《中文和合本聖經》《路加福音》十二章第七節中，有一句話：「就是你們的頭

髮，也都被（神）數過了。」仔細想想，這句話還真令人害怕。如果真有人數過自己的頭髮，大家作何感受呢？肯定會覺得監視無所不在，行為處處受到限制吧！神的目光賦予我們扮演好一個人的標準與良善，卻也帶來了無形的壓迫。

在日常生活中，有許多母親認為必須掌握孩子的一切，才能給予保護，也對此堅信不移。但真的要掌握一切，才能幫助到孩子嗎？不是的。我們有必要好好檢討自己想要了解一切、掌控一切的慾望。其實在孩子面對父母，尤其是母親的態度中，混雜著各種複雜的情緒，其中包含了渴望親密與依賴、理想形象與恐懼，以及從恐懼中衍生出的攻擊性。

> 「孩子最不安的時刻，
> 就是母親站在身後的時刻。」
> ──雅各‧拉岡（Jacques Lacan）

母親的存在，或者恐懼

許久前，我曾經走過一趟絲路，雖然當時的起心動念很突然，不過我一直很想親眼看看沙漠，也曾想過自己若真的見到之後，內心會有多麼激動。然而，當我第一次看見沙漠的真實模樣時，內心更多的是恐懼，而非感動於大自然之美。莊嚴壯闊的岩山、乾涸龜裂的地平線、夜幕低垂的天空與星辰給人的壓迫感——在孩子眼中，母親正是這樣的存在。在脆弱的自己面前，母親既是渴望的對象、關愛的對象，也是帶來極端恐懼的對象。

當我們從遠處觀看星辰時，能盡情欣賞星光的美麗與變化萬千的模樣。但身在沒有任何光害，也沒有任何人為影響的大自然中，看著近在咫尺的星辰，卻只感到無盡的恐懼，就像是要被前所未見的巨大怪物生吞下肚一樣。母親也是如此。當孩子無法看清楚母親站在自己身後的模樣，此時的母親就像一個令人畏懼且壓迫的存在，激發孩子對於不安與恐懼的想像。其實母親站在身後的感覺，只是孩子主觀上的感受（猶如我面對大自然時的感受），他們猜不透母親怎麼想，又是如何看待自己的（猶如我

猜不透大自然）。

當然，我所感受到的恐懼是原始的、與生俱來的，是與「存在」有關的。我們之所以能真正意識到自己的存在，得多虧我們的父母願意放棄自我，映照出我們的模樣，並且擁抱與接受我們。至於我所感受到的壓迫，則是在面對大自然的壯闊時，擔心自己渺小的存在可能會就此消失的恐懼。當父母的存在過於強烈且具有壓迫感時，孩子感受到的恐懼就會像我一樣。

孩子的存在感，始於父母將孩子抱在懷裡、寧可自己消失，也要犧牲自己讓孩子活下來。而當孩子日後面對其他威脅時，發現自己已足夠強大，能與對方勢均力敵後，更可進一步塑造自尊心。直到某天，當我們願意主動放棄這個在成長過程中逐漸成形的存在感，而不是受到他人脅迫才放棄時，這個存在感將可昇華為「愛」，進入永恆不滅的層次中。

母親的話語，以及不安

孩子在成長過程中，透過與母親的實際接觸，能逐漸穩定心中想像出的母親的黑暗面與恐懼面，此時扮演決定性角色的，正是母親的「話語」、母親的「語言」。孩子在成長初期，感官的快樂與恐懼正逐漸形成，並同時建構起潛意識，究其根本，都與母親話語的介入有關。母親使用哪些話語回應孩子、表達自我，將會決定是否能平息孩子的不安，並且進入穩定的精神結構。

母親可以利用話語和孩子保持適當的距離。適當的規範、挫折與界限，反而能使孩子感到安心。如果孩子過於貼近母親的情緒，且以母親前後不一的話語建構自我時，將會出現各種精神上的問題。反之，當母親以具體清晰的話語表達自身的需求和慾望時，孩子不僅能穩定地認識母親、接受母親，也能學會主動拒絕，嘗試與母親保持距離。一旦缺乏這個過程，孩子將喪失自我保護的力量。

話語能賦予人一種安定的力量。孩子在巨大的存在之前感受著不安，此時母親的說明、引導與規範等話語，能幫助孩子消除他們想像出來的恐懼。如果母親感到不耐

煩，甚至無法按捺心中怒火而失控向孩子發怒，事後請務必做好善後工作。善後不是指重覆口頭道歉這樣的行為，而是說明自己為什麼生氣，並詢問孩子的感受，引導孩子主動說出自己的恐懼與害怕。如此一來，孩子情緒上也可以達到某種程度的安全感與穩定。

幾次與青少年朋友對談時，孩子們常說母親似乎對自己提出某些要求，可是自己真的不知道母親要的是什麼，因此深感不安、難過與煩悶。其實母親也不知道自己真正想要的是什麼。她們只是丟出一句模糊又不負責任的話：「我只希望你過得更好」、「都是為你好才那樣的」。

重新回到
母親的肚子裡去吧？

「
母親若無法控制好自己的焦慮，
最親近的子女將付出代價。
」

長期進行精神分析的過程中，我得到一個非常有趣的經驗。在亞洲國家，許多女兒即使長大成人，婚前仍大多住在家裡。即使已經獨立生活，三十歲前的女兒也總是被母親牽著來到我的諮商室。母親會帶女兒來諮商室的原因非常多，例如，重度憂鬱、無法適應社會生活、人際關係不順、嚴重的情緒起伏等，原因五花八門。

當然，諮商費也都由母親支付，所以母親們總是期待聽到女兒心理狀況的報告。她們藉著協助諮商的理由，隨時連絡心理師，想了解孩子的狀況。看似理所當然，實則不然。她們有時會直接要求心理師將孩子引導至自己期待的方向；有時表面繞著圈子說話，卻又暗地裡要求事情往自己希望的方向發展。嚴格來說，這也是一種經濟

權力的展現，經濟大權掌握在母親手裡，所以任何事情都必須由她們發號施令。

在精神分析的過程中，隨著情感上的壓抑逐漸釋放，各種症狀也開始一一浮現。

此時，被諮商者可能表現出過去不曾有過的反抗與情緒，讓家人感到十分錯愕。

甚至在母親與女兒一起來到諮商室的第一天，就可能發生如此不堪的情況。雖然我總會事先強調這只是一種過程，請耐心等待與堅持，不過，真正目睹狀況發生時，不少母親仍會感到不安而立刻打電話或闖進諮商室裡。她們雖然說願意接受事實，實際上卻仍未做好準備去面對自己不曾想像過的女兒陌生的模樣。身為女兒心理師的我，雖然無法直接處理母親的不安，卻仍必須將女兒身後母親的不安一起納入處理。

在經歷過這些較為普遍的現象之後，我發現了一個事實：當女兒遭遇心理上或社交上的困難時，母親當然希望這些問題能獲得解決，但前提是必須在母親不會反感的範圍內。換言之，母親只希望女兒改變到自己期待的方式和程度為止。但，這算是改變嗎？

站在女兒的立場，這不過是要求女兒改掉會讓母親反感的問題而已。若是真的徹底進行精神分析，幫助女兒活出自我，或者成功完成諮商，女兒終於找回自己的人生，並且向理想的人生大步邁進，想必許多母親會感到非常不安。其實這只是女兒在建立自我的過程中必經的階段，而不是拋下母親一走了之。然而，鮮少有母親願意接受這個事實。

是愛也好，是恨也罷，事實是女兒和母親在情感與情緒上的聯繫特別緊密。所以有不少母親最後試著從現實中尋找原因，提出看似合理的藉口，企圖結束女兒的心理分析，甚至直接中斷女兒的諮商。母親為了女兒尋求心理師的協助，卻又成為女兒諮商的最大阻礙，這個現象頗耐人尋味。如此看來，母親委託專業人士對女兒進行心理治療，大多不是為了女兒的改變，真正目的其實是要解決母親本身的焦慮。

母親的不安為孩子所接收

許久前，我看了一部電影《美麗人生》（一九九七），大受感動。電影中描述一位被關在納粹集中營的父親，將集中營打造成遊樂園，努力不讓孩子感到恐懼的過程。這部電影令人心痛而落淚，卻也讓我不時因主角的幽默風趣而捧腹大笑。我依然記得在又哭又笑的同時，內心摻雜著感動與悲痛的情緒。在慘無人道的集中營中，孩子開心地玩著捉迷藏，絲毫不覺得害怕的模樣，令人印象深刻。

一位父親能夠將集中營打造成遊樂園，最重要的原因在於——他已完全接受自己被關入集中營的事實。如果連父母都無法接受自身的處境，那麼，即使他們再怎麼完美包裝孩子，努力說服孩子，孩子也無法消除心中的不安。因此，父母不逃避自己身處的任何情況或狀態，積極接受現實的態度，才是最重要的。

佛洛依德的么女安娜·佛洛伊德（Anna Freud）也曾說過，在倫敦大轟炸（The Blitz）期間，母親如何向孩子說明狀況，將會決定孩子是否感到不安。據她在戰爭期間的觀察，倫敦大轟炸結束後，有些孩子因為恐懼而夜不成眠，卻也有些孩子順利克服戰爭的陰影，繼續開心地玩耍。

母親照顧孩子的態度相當重要。母親不安，孩子也會感到不安，甚至孩子們因不安而受到的衝擊比母親更加強烈。這也是母親必須了解自身不安的來源，並妥善控制不安情緒的原因。尤其母親以什麼樣的態度接受不安、面對不安，將會成為決定孩子精神狀態穩定與否的重要標準。但千萬別誤會，這並不是要大家逃避現實，為孩子創造過度美好的幻想，而是希望母親先正視目前發生的情況與現實之後，再無所畏懼、堅定不移地牽起孩子的手。

所謂「拋棄女兒的母親」

人們所感受到的不安，大多是想像出來的，而非真實的不安。假設有位母親擔心孩子上下學途中會發生意外，整天坐立難安，那麼，首要任務當然是先確認孩子通學的路線是否安全。如果實際上非常安全，而這位母親依然被深深的不安所籠罩，那麼，就得懷疑這位母親在育兒的過程中，是否曾因為過度勞累而出現拋棄孩子的念頭；或者是否曾將被壓抑的攻擊性，轉而發洩在其他意想不到的地方。同樣地，擔心

父母有三長兩短而感到焦慮的子女，首先應考量父母的實際年齡與現階段的健康狀態等因素，如果父母的身體狀況還在該年齡層可接受的範圍內，自己卻仍然感到焦慮，就必須懷疑是否有其他問題。

想像中的不安，其實大多源自於兒時經歷過的感受。對於幼兒階段的孩子而言，最重要的人生課題是：「我是不是媽媽最珍惜的人」。當前最重要的對象——母親是否珍惜我，或者是不是想拋棄我、傷害我，這些都是孩子與生俱來的課題，也是心中不斷出現的問題。

在達里安‧李德爾的著作《我們為什麼難過？》（《Why Do People Get Ill?: Exploring the Mind-body Connection》）中，可以讀到心理學家喬伊斯‧麥克杜格爾（Joyce McDougall）曾對母子關係提出一個有趣的解釋。我們經常看到病榻上的人喪失與病魔對抗的意志力，最終放棄生命，對此，喬伊斯‧麥克杜格爾解釋為：「病患放棄與入侵自己身體，進而控制自己、殘害自己的潛意識形象對抗。」他說，「這是因為病患『將潛意識形象與母親畫上等號』」，又說：「孩子們遭遇威脅時，會

本能地試圖抵抗或報復。但是選擇放棄的人，就像臣服於母親一樣，遁入母親的世界中。他們已經對母親感到厭倦，無法再愛母親或抵抗母親，只能隱藏在母親的身後。」

當母親無論在現實生活中或心理上都已經疲憊不堪，因而不斷向外宣洩自己的情緒時，盛接這攤情感汙水並堆積在心裡的人，自然是孩子。尤其女兒更是如此。

身為名校女大生的貞秀，時常將這句話掛在嘴上：「我真想重新回到媽媽的肚子裡。」被無力感與憂鬱折磨的她，選擇躲入各種情感匯集的海洋裡（其中有對母親千涉自己人生的怨恨，也有生命的痛苦），甚至放棄逃出或離開，一副退縮不前的態度。但是貞秀的母親從來不曾留意，自己過去未能解決的各種情緒已轉嫁到女兒的身上，她以為自己只是和女兒相互扶持，勉強度過年輕時那段艱困的歲月，直到她告訴女兒：「現在我們過得還算不錯，妳也去過自己的人生吧。」才發現女兒無意跳脫自己的保護傘後，不禁感到些許不安。

矛盾的是，當女兒經過自我心理分析後，稍稍逃離了母親的情感海洋，開始抵抗母親、保護自己時，母親內心又再次浮現束縛女兒的慾望。之前只待在家的女兒，現在好不容易找到了工作，正準備踏進外面的世界時，過去責備女兒整天遊手好閒的母親，卻又悄悄改變了自己的說法。「沒賺很多錢也沒關係，別太辛苦了。」這句話表面看似為女兒著想，其實真正的意圖是希望女兒維持現狀就好。

承認現實，就能得到治療

寫到這裡，我不禁責怪自己是否將母親描寫得太軟弱了，所以我也想替母親們說些公道話，其實這些案例，都是我們內心深處沒有意識到的焦慮感在作祟。並非所有母親都將女兒當作情緒垃圾桶，或是以自己的枷鎖束縛女兒。但身為母親的我們，如果不能徹底認識自己的情緒，或者無法好好控制，那麼，與我們最親近的子女，將為此付出代價。

某位精神分析學家曾說：「如果真心為接受治療的人著想，就應該選擇事實，而不是粉飾太平。」儘管揭露事實可能帶來威脅與痛苦，不過當事實攤開在陽光下之後，許多時候反倒沒什麼大不了。即便我們帶著巨大的恐懼面對事實，也不免承受天崩地裂的痛苦；然而，越是正視事實、面對事實，無論水面上如何擾動，水面下的流動反倒越趨於平穩，終將能使水面上的蕩漾平靜下來。

母親以什麼樣的態度接受不安、面對不安，將會成為決定孩子精神狀態穩定與否的重要標準。

母親抱蛋的慾望

「 不願讓女兒走向外面世界的母親，
在她們的不安與擔憂之下，
存在著不願放下抱蛋快感的慾望。 」

我親餵女兒母乳的時間，足足長達兩年。孩子兩歲後，雖然身體已經大到可以四處跑跳，但仍繼續吃奶。也許是因為讓孩子盡情吃奶到懂事為止，孩子斷奶時並沒有遇到太大的困難。

那時大概花了一週的時間，每到晚餐時間，我就會抱起女兒，告訴她媽媽現在沒辦法餵奶，以後妳不能再吃奶了。而懂事的孩子從某一瞬間起，也自然而然地放棄吃奶。

母親經常告訴我，她在生下我之後缺少奶水，非常難過。幼時的我每到固定時間總吵著要吃奶，就像時鐘一樣準時。我心想，會不會是我生來就對母親的狀態特別敏銳？不過也可能相反，是我占有母親的慾望和渴望較為強烈。究竟

是母親的慾望較為強烈，還是母親與我的聯繫較為強烈，如今已無從得知。

孩子與母親的愛，始於這種強烈的聯繫與融合。照理來說，孩子必須從這種母子交融的狀態中破殼而出，但許多女兒仍停留在這個狀態中。之所以停留在此，當然是因為母親不願意放下自己懷中的蛋。她們有時訴諸情感，藉此逃避放手，不過，更大的原因在於母親無法放棄母子交融時生理上感受到的快樂。

母親的懷抱令人快樂

我特別執著親餵母乳這件事，是因為對母乳有所匱乏嗎？儘管學習了心理學，也做好為人母親的準備，足以說服自己平常心看待，不過直到學習了精神分析，我才看清在母子交融中，身為母親的我所體會到的充實感與滿足感是什麼。

如果用更有情感的方式來形容，我會說那或許不是母性，而是試圖解決自身匱乏

的一種補償。母親說過我的體質和她差不多，想當然「奶水也會不夠」，不過也許是我對於母乳有著強烈的執著，我成功親餵母乳長達兩年，而不受任何體質的影響，從未間斷。

當然，非親餵母乳不可的慾望，無論對孩子或對母親，都有極大的幫助。這個好處不是單指生物學上母乳的優點，而是多虧了這個慾望，在孩子三歲以前，一直和孩子維繫著親密的關係。在那段時間，女兒充分飲於母親、用於母親，也享受著母親。

親餵母乳的母親一整天都得消耗身體，身體被破壞的程度非比尋常。而餵配方奶粉的母親同樣也不輕鬆，除了得沖泡奶粉再餵孩子喝，還得照顧孩子吐奶、清潔用品，身體上的疲憊並不輸親餵母乳。

我在親餵母乳的過程中，有一次的身體感受特別深刻。通常孩子晚上睡到一半，隨時會醒來找奶喝。那天我們母女倆原本在黑暗中各自熟睡著，孩子忽然開始窸窸窣窣，我也順勢將手往上舉，方便孩子找到，於是孩子就這麼湊上來吸起母奶。

就在那一刻，我體驗到某種與孩子合而為一的奇妙快感與滿足。這是孩子和我跟隨本能、感官行動的經驗，它帶給孩子的是對母乳的飽足感，帶給身為母親的我則是充實和滿足。那是一種無法將身體與精神分開形容的快感。

後來我才明白，在這個滿足之中，存在著對完全融為一體的慾望，而這個快感也是嬰兒期的孩子與母親應該充分享受的。當時的感受如此強烈，至今我的身體仍清晰記得。對孩子而言，與母親的身體、乳房緊密相連的瞬間，就是遊樂場。在那座樂園中，不是只有孩子才能享受，母親也懷抱著孩子一起暢遊其中。然而問題就在於，面對已經長大成人的子女，許多母親仍不願放棄將子女抱在懷中的快樂。

「啐啄同時」的心理學

在雛雞破殼而出之前，母雞必須長時間孵蛋。時機一到，雛雞開始啄破蛋殼，而母雞也同時從外面輕啄蛋殼，方便雛雞出來，這個行為稱為「啐啄同時」。當蛋殼出

現裂縫後，接著就只等雛雞破殼而出了。母雞無法將雛雞直接叼出來，只能袖手旁觀，等待蛋內掙扎的雛雞自己出來。如果貿然叼出雛雞，不但容易讓雛雞受傷，雛雞也無法自己學會使用肌肉的方法。

而母雞必須面對的第二個課題，是眼睜睜看著雛雞自己破殼而出卻不能出手相助。第一個課題只是長時間孵化的辛苦，而現在起，母雞必須放棄曾經與雛鳥一起享受的滿足。換言之，第二個課題正是接受失去。

當母親潛意識不願放棄身體所記憶的滿足與快感時，便可能在情感上拒絕放開孩子。這是不願接受丟失母性最常見的態度，甚至也有一輩子將蛋緊緊抱在懷中的母親。隨著孩子逐漸長大，孩子總得接受自己必須離開母親乳房的事實，而母親也必須放下懷中的孩子。然而，在心理上堅持不讓孩子進入社會的母親，竟出乎意料地多。

這些母親試圖抓住心理上的緊密聯繫與融合，不願讓女兒走向外面的世界，在她們的不安與擔憂之下，存在著母親想繼續享受抱蛋快感的慾望。因此，在心理上無法

擺脫與母親緊密的聯繫，而實際上仍圍繞在母親身旁的女兒們，最終也難以從母親的「要求」中脫身。

這些主動放棄使用肌肉的子女，在長大成人後，即使與另一半結為連理，也依然想回到父親或母親的懷中，而不是與另一半建立穩固的夫妻關係。她們甚至美其名為「親情」，用這個正當理由作為防護。

母親必須是子女隨時能停泊的避風港，這個避風港並非是與母親的實質關係。**想要讓母親的懷抱化為心中的依戀，每個孩子的心中，應該都有一處「母親的懷抱」**。雙方都得經歷母雞啄破雞蛋時所感受到的失去。當失去真實發生，而孩子也接受這個匱乏時，他們才能在心中建構出母親的象徵。此時，孩子心中母親的象徵，就是強而有力的心理肌肉，能推動孩子展開一段新的愛情，並且進入一段新的關係中。

如果母親不願接受這個失去，拒絕放棄慾望，孩子終將無法鍛鍊出心理肌肉。而心理肌肉不發達的孩子，無法穩健地走出自己的人生。

「孩子真的離開我也沒關係嗎？我準備好接受失去了嗎？」

該是母親誠實面對自己的時候了。而此刻的我們，會做出什麼樣的決定呢？

母親必須是子女隨時能停泊的避風港，
每個孩子的心中，應該都有一處「母親的懷抱」。

如果不想讓孩子，
淪為情緒垃圾桶

> 隨意對他人傾倒情緒垃圾的孩子，
> 很可能在家就被父母當成情緒垃圾桶。

大約兩個月前，女兒開始上美術補習班。國小六年級以前從未補習的女兒，顯得相當緊張，再加上報名的是專業課程，氣氛不像才藝班那樣輕鬆。我只能從旁看著女兒因為無法立刻和其他小朋友打成一片，一副灰心喪氣的樣子。我的女兒個性較內向，很難主動靠近別人。我能理解女兒的苦楚，於是採取充分傾聽她心聲的態度，並鼓勵她既然已經開始上課，就暫且先把這次課程上完吧。不料某天早晨，女兒忽然哭著跟我說不想再去補習班了。

我感覺事有蹊蹺，趕緊抓著孩子的手坐下，仔細聽完事情的原委。這才知道班上有一位女同學說話特別強勢，又有號召力，毫不掩飾地當眾排擠我女兒。有一次，所有人圍著靜物坐成一

圈，因為其他小朋友都橫放著畫畫圖，女兒也跟著做，沒想到其他小朋友就瞬間將畫板直立。甚至換座位時，那個女生還小聲罵著髒話，對其他同學使眼色。

得知孩子不是因為討厭美術，而是因為證據確鑿的霸凌才想放棄後，我向補習班要求確認事實，沒想到老師立刻就知道是誰，說那個孩子已經有過霸凌其他小朋友的前科。一開始強辯自己沒那麼做的小女生，最後才說出真話：「我只是把壓力發洩在其他同學身上而已。」

這樣毫無理由欺負我的孩子，還將我的孩子當成情緒垃圾桶，這樣的事讓我血壓瞬間上升，憤怒直衝腦門。平時在家從不對孩子大小聲而擔心傷害到孩子的心情，沒想到孩子在外竟成了別人的情緒垃圾桶，一想到這裡，我恨不得衝到補習班揪住那孩子的衣領。

後來補習班要求那孩子道歉，並且採取強力措施，如果再犯，就必須離開，才讓這件事告一個段落。然而在女兒之前，她已經一而再，再而三地欺負其他孩子了。女

兒這次也學到了經驗，在受到不當對待後，應該將自己的委屈告訴大人，好讓大人採取行動。

將負面情緒發洩在他人身上的孩子

孩子之間的情感爭執或朋友之間的衝突，大人盡可能不要介入，只要陪著孩子一起度過就好，這是我一貫的原則。因為這終究是孩子必須自己克服、堅持的問題，學會生存也是孩子必須面對的課題。

但是父母必須盡快分辨出，究竟是孩子們之間出現的單純情感問題，還是明目張膽的情緒暴力。遭受委屈和不當的對待時，女孩們容易陷入自己是不是被別人討厭的情緒中，而變得怯懦、退縮；也會懷疑就算告訴父母，父母是否真的會為了保護自己而出面。

甚至擔心父母如果出面，會不會造成更大的爭執或衝突。所以她們經常選擇獨自承受或退讓。

如此一來，她們可能會習慣別人對自己的不當對待或輕率態度。而在這個習慣中，孩子們將再也無法對大人或其他人產生信任，我們稱之為：「想像中的不安」。想像中的不安不等於現實的不安。不只是孩子，許多大人身上也存在著自己的想像，並在其中忍耐、解決與思考問題。

女兒說她也在心中這麼想過。因為自己最晚上補習班，美術能力不如其他人，「所以就算告訴老師，老師也只會口頭警告，不會有太大反應。老師不會換掉那個女生，只是平白增加自己的痛苦而已。」據說她就這麼一個人在心裡想像著，也沒有告訴媽媽實情，獨自默默隱忍了好幾個星期。

利用我女兒剛到陌生環境，處於弱勢地位的困境，而隨意傾倒自己情緒垃圾的孩子，很可能在家庭中就是父親或母親的情緒垃圾桶。孩子渴望父母、仰望父母，所以

當父母對自己發洩負面情緒或做出不當行為時，他們便本能地選擇忽視自己內心浮現的敵視感。這在大人身上也是一樣的，他們也想逃避親人或重要的人對自己造成的負面情緒或敵視感，並且將這股無處宣洩的情緒轉而發洩在挑選的對象身上。

無論是什麼樣的情緒，只要肯認同父母的情緒會影響孩子，就能透過孩子的反應和狀態，看見連自己都沒有意識到的潛意識意圖，也能更加敏銳地察覺孩子的狀態或反應。但是，心中充滿對丈夫的不滿與痛苦的母親，卻是無法迅速意識到自己的情緒已對孩子造成了壓力。照理來說，在認同父母的情緒會影響到孩子，也看清到自己的狀態後，接著就是著手解決與丈夫之間的問題。但是，這些母親往往認為這麼做只會讓自己更累、更難過，絲毫沒有解決問題的念頭。

於是她們轉而對孩子發洩情緒，將原因歸咎於孩子的錯誤或問題行為，以此合理化自己的行為，並尋求孩子的諒解。將夫妻問題或個人問題的代價，全數轉嫁到孩子身上，可說是解決自己內在毒性最快速、也最便利的方法。雖然類似的提醒一再強調，不過我還是要說，如果父母親沒有正視自己的情感，並嘗試理解與探索自己的內

心，再怎麼好的建議，或者按照專家的課程和方法執行，事情也不會有多大的改變。

傾聽孩子的心聲

或許有人會問，就算我再怎麼寶貝孩子，如果像這樣在外面遭到他人的情緒暴力，難道沒有好的對策嗎？在現今這個社會，不是只照顧好孩子，所有問題就能迎刃而解。莫名其妙的霸凌不論何時、何地都可能發生，以什麼樣的形式發生也無法掌握，如果沒有「用心傾聽」孩子說話，勢必將更難察覺。其中要特別注意的是，如果父母一開始就對孩子抱有刻板印象或偏見，帶著自己固有的思維和經驗去傾聽，更無助於接收孩子的話語或信號。

對父母而言，釐清事情的來龍去脈，決定是否要介入等，都是非常困難的課題。

經常有些母親將自己與孩子視為一體，只要孩子稍有不滿，母親就立刻跑去學校告狀。然而，究竟是孩子自己的問題，還是別的孩子不當欺負，了解事實真相的這個責

任在父母身上，而非孩子。如果父母沒有適時介入，或者在不該介入的時候介入，都可能讓孩子失去對父母的信賴，甚至無法相信自己。

事後，我告訴女兒幾點該注意的事項。例如，雖然那個孩子道歉了，但是性格不會輕易改變。若遭受不當欺負時，一定要立刻告訴較親近的大人或父母；父母或老師的幫助有限，最終還是要自己懂得保護自己。我們也一起討論了可以怎麼做，才能避免和那個孩子一樣的態度，又能不讓別人隨便對待自己。孩子必須學著接受這樣的事實：在任何情況下，爸爸媽媽都會保護你，但是有時候你也要懂得保護自己。

這個過程就像和孩子一起爬過一座又一座的山，看著滿臉疲憊的孩子，身為父母的我同樣感到不捨。父母固然希望孩子在成長過程中不受到任何傷害，但傷害是無可避免的。比起傷害，最重要的是在傷害中了解自己是否能繼續信任他人，並且藉此培養能克服傷害、經得起傷害的堅強情感。所以我們必須充分聆聽孩子的話語，付出孩子真正需要的關心，而不是身為母親的我們自以為的關心。

女兒在那次事件後，態度變得堅定許多，與過去截然不同。她是這樣告訴我的：

「媽媽，我不知道為什麼以前這麼在意別人。現在回想起來，其實也沒什麼了不起。真的好神奇！」

正視母親的內心

隨著時代的改變，社會也日新月異。資訊不斷湧現，已經難以細數究竟有多少專業知識和實用資訊堆積在我們眼前。即便如此，仍有許多父母甚至連什麼是衡量自我狀態、什麼是深入剖析自我，都沒有任何概念，而只是單憑育兒書籍教養子女。

許多人並未具體了解自己總在什麼時候特別覺得疲累，什麼時候真心感到富足。在這種狀態下，如果專家的建議沒有達到預期的效果，便容易感到慌張、不知該如何是好。如果父母連自己的狀態都掌握不了，自然也容易忽略孩子話語背後的需求，而

自身需求被父母忽視的孩子，將無法深入理解自己究竟需要什麼，最終陷入惡性循環。一旦無法認清自己的狀態，就需要抱持懷疑，不斷地反問自己：

「這是什麼情緒呢？我為什麼會這麼生氣？為什麼我對孩子說的話、做的事，會和我的初衷完全相反呢？」

大家必須不斷地捫心自問，並且試著停下腳步，檢視自己是否將原本該反問自己的問題，丟給了孩子或另一半，並且要求他們為你找出問題的答案或解決問題。

如果父母一開始就對孩子抱有刻板印象或偏見，帶著固有的思維和經驗去傾聽，更無助於接收孩子的話語或信號。

Chapter 2

我真的是
孩子的母親嗎？

── 關於母親的目光

母親只要過好
自己的人生就行

> 「對母親而言，為家人犧牲並不重要，
> 　　最重要的是
> 　　有多真心投入自己的人生。

某天，一位女高中生來到我的諮商室，說自己好像無法再這麼下去了，一定要接受諮商。

她說她對事物充滿熱情，想努力做好每一件事，卻總是辦不到，覺得這樣的自己好累。心情煩悶又感到不安，無法再忍受這樣的生活了。感覺眼前好像有一條怎麼也跨越不了的線，可是她卻連那條線是什麼都不知道，想要努力追求卓越的表現，但總是不盡如人意。直到現在，我仍記得她那不知該如何是好、痛苦掙扎的模樣。

女學生之所以如此痛苦，原因在於母親的態度。明明家裡沒有給她什麼壓力，也沒有逼迫她做任何事，大多讓她自由發揮，為什麼她會感到鬱悶，幾乎喘不過氣呢？女學生的母親有著這樣的特質：看似開誠布公地表現一切，實則多是含

糊其詞。所謂的含糊其詞，就是不願明確表達自己的需求與慾望。女學生從母親身上感受不到一絲真誠，原因在於母親說話的方式。例如，「妳真的想做那件事嗎？要是妳那麼做就好了。」、「妳想要的話就去做吧！可是妳真的想清楚了嗎？」據說，某天孩子這麼問母親：

「我只是希望妳過得更好，就這樣。」

「所以媽媽妳到底對我有什麼期待？說清楚！」

還有比這更模糊的表達方式嗎？「希望孩子過得好」這句話的意思非常籠統。是「希望你考上某間大學」，還是「只要跟別人一樣就好」？究竟該怎麼做，又該到達什麼樣的程度，讓孩子完全沒有頭緒。這不過是其中一個小小的例子。在現實生活中，她的母親大多以這樣模糊不清的方式令孩子困惑不已。靜靜聽完女學生的故事後，我反問她。

「您母親知道自己要的是什麼嗎？」

孩子陷入一陣沉默：「嗯，我覺得媽媽自己也不知道⋯⋯。」

女兒盲目追逐著母親自己也不知道的慾望，當然會覺得鬱悶、喘不過氣。一切是那麼的虛無縹緲。明明自己正在為什麼而努力著，卻又不知道目標為何，還必須不得不繼續，女學生就如此活在母親這般模糊的要求之下。

並非母親一定要明確告訴女兒自己的慾望和標準，而是母親連自己想追求什麼都不清楚，卻不斷要求女兒，這才是最大的問題。母親的慾望必須自己追求才行，然而母親並不清楚自己渴望的是什麼，卻要求女兒為自己實現，這麼做可能會造成孩子心理上的傷害。

孩子的慾望，父母的慾望

接著，我們來看看相反的案例。一名學生在聲望極高的老師底下求學，某天決定

離開。而這位老師在該領域是頗有分量的學者，也是極度自戀型的人。拜師學習的期間，這位學生深受一個問題困擾：「我現在所說的話，真的是我想要說的嗎？」因為他發現自己每次站在老師面前，總是下意識尋找老師可能想要的答案，卻無法自由說出自己心中單純浮現的想法與疑問。

他甚至曾經走到老師面前，告訴老師：「我的力量有限。如果由老師來做的話，結果肯定不一樣。」這句話滿足了老師潛意識的慾望，滿足了老師「我就是這樣與眾不同」的自戀，但他便立刻驚覺說出這句話的自己是如此陌生，一時語塞，趕緊閉上嘴。卻也引發了他日後總是刻意迴避老師的心理。

在這個案例中，雖然學生在自我意識中表現出順從老師的行為，但在潛意識裡，卻沒有合適的出口可以宣洩對不合理的抵抗，於是轉而以心理上的症狀表現出來。老師沉溺於「只有自己與眾不同」的慾望中，而這位學生則讓自己去扮演迎合慾望的角色，最後落得全盤否定自我。

從小透過順從父母慾望來追求個人慾望的我們，最終也將自己變成了順應他人（例如，嚮往的人、喜歡的人、權威者）慾望的人。於此同時，我們也經歷了無以名狀的內在衝突與挫折感、混亂、疏離，承受著心理上的痛苦。正因為我們追求的不是自己真正的慾望，所以不免遭遇痛苦與混亂。嬰幼兒時期，想成為母親的唯一時，便會出現這樣的現象。人類本是追求他人慾望的存在，在家庭中掌握權力、腦筋又動得快的人，自然知道如何利用嚮往自己的子女或兄弟姊妹。

正如拉岡所說：「人的慾望是他者的慾望」無論如何，為了追求、實現自己的慾望，我們必須釐清心中自己與他人的慾望，以更健康的方式將兩者區分開來。

母親的態度，決定孩子的一生

對母親而言，為家人犧牲奉獻之外，最重要的是有多麼真心渴望投入自己的人生。如果母親不能真正認識自己的生命，追悼並接受過去，進而實現自我，那麼，孩

子也將難以抱持熱忱去追尋自己真正的慾望，永遠被困在既定的生命裡，甚至在追尋或跟隨他人生命的過程中迷失方向。因為這些孩子企盼的是母親目光所及的慾望，進而渴望成為母親追求的目標。

身為母親的我們，不必再向外尋找原因、怪罪他人，這些都毫無意義。將子女當成實現自己慾望的對象更是危險。母親必須全心投入自己的生命中，對自己的生命抱以期盼。不過，這並非是要母親們學習自我開發，培養一技之長；而是要母親們先思考自己追求的生命方向，對「自己」是什麼樣的人抱持好奇，並且不斷學習。

任何一種學習都無妨，只要鎖定目標，持之以恆、不厭其煩地堅持下去，最終一定會在某個時刻有所成就。如此一來，我們將可發掘、創造出一條專屬於自己的道路，而不只是旁人或專家所給予的建議。猶如環環相扣的鐵繩一樣，我所追尋的道路，又將為我開啟另一條新的道路。母親不必給孩子答案，只要好好經營自己的人生，日後孩子們必將體會母親對待生命的態度。

我們必須
認真凝視孩子的原因

「
　　　　他人的目光，
　正是從他人眼中看見自己的目光。
」

許多專家說：「請跳脫他人的目光。」難道是有人不想跳脫，才繼續這樣活著的嗎？而且究竟是要人們跳脫什麼，又怎麼跳脫呢？真讓人感到疑惑。就算我們再怎麼努力不去在意他人，即使短期內會有效果，但最終仍會發現自己回到原點，汲汲營營於他人的目光。

其實，他人的目光，即我們從他人眼中看見自己的模樣。嚴格來說，就是自己的目光投射在他人身上。我們無法知道別人如何看待自己，反而是從自己的角度出發——「擔心被那樣看待」的成分更大。在他人的眼中，反映著我們個人的標準、判斷、價值、偏見與刻板印象。

假設，有人正獨自在餐廳吃飯，一邊在意著

| 82

周遭的目光。讓我們先想想自己對獨自吃飯的人有什麼樣的看法，是看起來可憐，感覺沒有朋友？還是旁人似乎也在對他指指點點？這些想法所反映的，都是我們內在的思維。更準確地說，困住我們的其實是自己的思維，而不是他人的目光。

當然，社會或文化上潛在的刻板印象、價值與偏見確實存在，然而，只有極少數人不受這些潛在的因素影響，也是不爭的事實。若搬出「這個世界就是這樣，其他人也都如此，所以我也沒辦法」的說法來敷衍，確實是非常方便的藉口，因為如此一來，就不必深入檢視自己的內在，只要從外在尋找原因即可。不過，我們仍有必要對自己的目光抱持懷疑，儘管這個作法會令我們感到些許不安。

母親的目光是面鏡子

我們的目光是如何形成、建構的呢？人類的目光並非與生俱來。根據拉岡的鏡像階段（the mirror stage）理論，六到十八個月的嬰幼兒開始認知到鏡子中映照出的自

己，並因此歡呼雀躍。

這個反應代表了孩子最初與鏡子這個媒介，也就是「與他者的溝通」。這個鏡子也可以是母親的眼神，亦即主要養育者的目光。孩子必須透過外在的目光，才能檢視自我。孩子的自我並非一開始就形成，他們的目光也是透過反映外在的目光而建構。當母親與孩子一起看著鏡子，以肢體動作或表情等方式指出孩子、認同孩子的存在，孩子就能產生安定感與信賴感。

精神分析學家唐諾・溫尼考特也提出過類似的主張：「目光專注在孩子身上，與孩子建立緊密聯繫的母親，表情如實反映著對孩子的情感與狀態，因此，孩子能透過母親的表情認識自己。」換言之，母親的目光就是一面鏡子。當母親完全沉浸在自己的世界時，或是心不在焉的望著孩子，孩子無異於被母親冷落。此時，孩子將會從根本上否定自己，並因為他人不斷改變的目光而使自己的態度搖擺不定。

如果孩子無法從母親的眼中看見原本的自己，他們將會受到疏離感與對自身存在

的不安所包圍。這樣的孩子，對外界的目光或評價會過度敏感，無法接受負面評價或回應，也會對此感到恐懼，在於他們缺乏穩定映照出自己的目光。

有時我在諮商時過於投入，被諮商者總會告訴我說，從我臉上的表情可以看出自己目前的狀態如何。儘管她們也不清楚自己，卻能從身為心理師的我，臉上的表情變化看出自己的狀況。為什麼她們明明在談論著自己的情感與狀態，卻無法立刻感知或察覺呢？

在我之前合著的《小學生自尊心的力量》一書中，曾提到國小女生被母親發現散布個人裸照的案例。這些小女生因沉迷於網路聊天室，私下發出個人裸照的情況竟出乎意料的多。事件曝光後，有兩位母親的反應完全相反。其中一位痛罵孩子，彷彿世界天崩地裂；而另一位則是先報案，請警察調查是否有成人介入其中，並趁此機會重新檢討夫妻關係。

第二位母親的女兒在行為曝光後，哭著說出的第一句話是：「我好怕爸媽會怎麼

看我。」她在父母眼中一直是討人喜愛的女兒，如今只擔心「爸媽會不會覺得我很噁心？」、「會不會討厭我？」、「會不會從此不再愛我？」比起行為本身，她更擔心這個行為會讓別人如何議論自己，人們會因為這個評論接受自己，還是排斥自己？這些憂慮顯示了她內心最原始的不安。

經歷這次事件後，當孩子看見父母不計前嫌，依舊疼愛自己、關愛自己時，便可跳脫外界的目光，獲得安定感與信賴感。這位母親一方面態度堅定地告誡孩子什麼事情不該做，另一方面仍誠心與孩子對話，更對於自己讓孩子感到孤單、沒能照顧好孩子的疏失表達歉意。她告訴孩子，這件事的責任完全在媽媽身上。她先讓孩子知道，身為父母的自己願意為這次事件負起責任，同時告誡孩子，以她們目前的處境還沒有能力保護自己，並具體說明孩子未來必須注意的地方。

我認為這是一個非常聰明的處理方式。孩子即使在被責備的過程中，也感受不到任何批評。母親只是嚴正地告誡孩子這個行為的危險性，並未讓孩子的情感受到任何傷害。

自己即地獄

如果沒有大人適時的介入與保護，孩子容易受到人類最原始的快樂和衝動所支配，而想立刻滿足自己的情感與慾望。不只是孩子，大人也如此。有時我們沒有意識到那樣的狀態，不斷追逐著外界看待自己的目光，因而導致自己的生命變得悲哀、落入不幸。

為了跳脫他人的目光，我們必須先釐清自己的目光中是否混雜著某人的評價、價值與判斷。不必透過其他人來面對自己，我們只需專注在自己身上。當我們利用這樣的過程認識自己、看清自己，進而相信自己，自然會發現自己已不再受到他人目光所束縛。如果看不見這樣的自己，那麼，任何標榜有效的解決辦法和處方，都是毫無意義的。

薩特曾說過：「他人即地獄。」但我認為：「自己即地獄。」薩特所說的他人，其實也是「由我目光所投射出的他人」，可以放在相同的脈絡下理解。當我們的意識與潛意識受到各種現象左右時，便會以自己所認為的目光與思維框架來理解他人，甚

至達到難以分辨他人與自己的程度，因而落入心理上的混亂。

所以，人們於內在打量著自己的目光，究竟是誰的目光？唯有將他人視為他人，

將自己視為自己時，我們才能真正活出健康的人生。

「目光專注在孩子身上，與孩子建立緊密聯繫的母親，表情如實反映著對孩子的情感，因此，孩子能透過母親的表情認識自己。」

——唐諾‧溫尼考特（Donald Winnicott）

盡力不讓自己過得
比母親更幸福的女兒

> 只要認清創傷的存在，我們就能接受
> 所愛的人最真實的模樣。

我曾與一位三十出頭的女性，進行長達一年左右的精神分析諮商。她在公司上班，表面上過著看似幸福美滿的生活，然而，內在的狀態卻相當黑暗，甚至形容自己就像身處於迷霧之中。她雖然喜歡獨自一人，但是獨處的時間一長，又感到恐懼；若為了擺脫恐懼而走進人群之中，卻又感到不自在，就這樣無限循環著。

其實我在與她對談的時候，不曾有過一分一秒覺得無聊。她總是一邊想著：「等一下該說什麼好呢？沒有什麼特別的想法，但也沒什麼好說的……」，一邊害羞地走進我的諮商室。然而，她在諮商室一開口，卻都是讓人聽得津津有味的故事。身為心理師的我，覺得和她見面非常有趣，但本人卻是一副戰戰兢兢的樣子。那模樣就

像是背負著某種壓迫感，勉強自己非得做出什麼成果不可，或是盡快將改變後的形象表現出來。

某天我告訴她：「沒有任何改變也沒關係。因為誰也不知道改變會在何時發生，以什麼模樣出現，所以現在就算沒有任何改變，也沒關係。無話可說的時候，保持沉默也很好。沒有任何想法又怎樣呢？像這樣面對面一起坐下來，不也很好嗎？就算妳覺得沒有任何改變，只要我們像這樣繼續見面，對我來說就是值得感謝的事了。」聽完這段話之後，她開始哭了起來。

她說不知道自己為什麼會哭，只覺得一句「沒關係」，像是把她心中某個東西拔了出來。其實她內心總有一股壓力，以為進了諮商室，就必須滿足心理師。她時常被某種強烈的內在要求束縛著，總是優先顧慮到對方，讓她無法好好回顧自己的狀態，直到說出的話再也無法滿足對方時，她才決定永遠保持沉默，並且將這個態度套用在所有的關係與社交生活上。

罪惡感的真面目

長久以來，她深受莫名的罪惡感折磨，將自己監禁在嚴厲的控制下。隨著對話的深入，她也逐漸聽見自己內在的聲音。她說自從懂事以來，就受到母親的話語和態度的影響。在身為女兒的她眼中看來，母親的人生過得相當悲慘，也是與父親無法溝通、孤獨生活至今的可憐的人。當她想要做某些事情，或是打算為生活帶來改變時，母親總是回答：「這樣就好，何必一直去做有的沒有的事情？妳就乖乖聽話，時候到了嫁人就好。」因為如此，她在心中暗暗埋下一道嚴格克制的界線，反正無論她說什麼，母親也只是一味的要她放棄。

儘管母親立下許多莫名的禁止與規範，她依然找到不錯的工作，也交了男朋友。

然而，這次她卻深受不知所以的罪惡感折磨，認為世上只剩下自己能與母親溝通，而這樣的自己卻似乎背叛了母親，沒有盡到孝順的本分。

在諮商持續數個月後，她才意識到自己一直以來的罪惡感與孝道無關，而是對於自己過得比母親幸福而衍生的罪惡感。這樣的幸福是母親不被允許得到，也是母親從

不敢奢望的美好狀態。隨著一點一滴認識自己的人生，也漸漸開始活出自己，但她內在的罪惡感反而越來越大。直到被罪惡感壓垮，覺得自己再也無法維持正常的人際關係後，她才來到諮商室。

母親「勸女兒放棄的行為」和「什麼事都別做的告誡」，大多出現在女兒不顧母親反對，大步走進自我生命的時候，以及女兒嘗試走出與母親不同的人生時。儘管她已經自立，也不常與母親見面，然而存在於她心中的母親聲音，仍然發揮著支配的力量，使她動彈不得。由於她無法分辨清楚心中母親的聲音，與自我逐漸浮現的聲音，因而陷入了嚴重的混淆與矛盾之中。

母親的聲音時常阻擋在面前，使她無法過著比母親更美好的生活，一旦跨越了那條界線，她總會受到罪惡感的折磨。哪怕自己只是做出一個小小的選擇，內心也會感到焦躁不安，似乎凡事都得先徵得母親的同意才行。儘管她已經知道母親會說出什麼話、表現出什麼樣的態度，仍對於自己擅作決定感到罪惡。她以為是自己沒能成為母親眼中乖巧的女兒，才會如此痛苦，並將所有過錯攬在自己身上，其實這是她對於自

己竟過得比母親幸福所產生的罪惡感。甚至與母親通話都開始令她感到不安，進而逃避著。如果繼續發展下去，總有一天她會真的永遠離開母親。

認清情感，就算是獲得治療

當她發現母親沒有意識到是自己緊抓著女兒，導致女兒無法走出如母親般不幸的一生時，竟沒有對母親感到一絲憤怒，反倒覺得如釋重負。這是因為她過去對這一切一無所知，彷彿置身濃霧之中，只感到茫然與不安。如今隨著對母親的理解更加清晰，也明白自己總是迎合母親的狀態後，內心的不安才煙消雲散。

被一無所知的不安擊倒，最令人恐懼。她說：「母親對我而言是最重要、最珍貴的人，就算她不是一個好母親，只要我知道她過去是用什麼樣的態度對待我，我想我就可以接受那樣的她。」那是因為她終於學會了如何保護自己，也知道如何警惕與明辨是非。

最後，她成功擺脫了母親的束縛，甚至接受了軟弱的母親。她說，母親確實讓她感到怨恨、憤怒，不過，光是從過去施加於自己的壓力中釋放出來，她就已經獲得喘息的機會，並且抽離心中的罪惡感，每天的生活就像飛在雲端上一般的輕盈。

當我們遭受各種情感的折磨時，必然感到不安、痛苦。但是即便痛苦降臨，只要我們能同時在意識與潛意識的層次上理解這個痛苦，便能欣然接受這些情緒。只要認清情緒的存在，不必非得原諒對方，也能接受所愛的人最真實的模樣。所以，最重要的是察覺那些將我們牢牢綁住的聲音的真相，以及他者的真面目。

自我貶低的女性

有時會見到一些女性，明明擁有足夠的力量和資源，卻讓自己的生活陷入極其痛苦、貧困的狀態。雖然她們不明白為什麼自己的人生會過得如此孤單、痛苦、覺得難過又委屈，不過在仔細聽完她們的故事後就會發現，百般阻撓她們發揮自身力量的，

其實是她們自己。換言之，痛苦並不是源於事情進展不順利而被迫於難堪的處境，而是她們企圖維持或重覆事情無法解決的狀態，才會如此疲憊不堪。乍聽之下似乎難以理解，不過無論如何，這些現象的背後存在著各種力量的作用。

正如前面所說，有些女兒為了不讓自己過得比母親更幸福，便在有意無間貶低自己的成就或幸福；也有些女性為了不超越毫無謀生能力的丈夫，將自己的能力控制在丈夫的能力之下，選擇過著艱苦的生活。

尤其後者的行為，並不是為了助長丈夫的氣焰，而是潛意識的機制作祟，認為自己必須比丈夫更軟弱，必須處於弱者的位置，丈夫才能保護自己。**她們以為要讓自己成為被保護的對象，才能得到他人的愛。**當然，問題也可能在於某些女性的自尊心低落，不過在多數的情侶或婚姻關係中，這都是為了讓對方扮演主導角色，扛起責任與權力，進而使對方為自己負責、保護自己的手段。

所以，當這些女性提起自己的身世有多麼可憐，哭訴自己的辛酸與委屈時，我無

法與她們一起哭泣，也沒辦法同理、支持她們的眼淚，而迎合她們說出「加油」的安慰。因為阻礙她們的，不是現實情況或另一半，而是她們自己。我所能提出的，只有「她們以自己的方式愛得轟轟烈烈」。

即使不貶低自己，不委屈求全，也可以獲得充分的愛。只要懂得愛自己，就能過著心滿意足的生活。遺憾的是，她們堅信唯有受到保護，才能感到幸福。這也是因為幸福女性的形象，多少受到父權傳統所限制。然而，那不過是少女的呻吟，少女幻想中的愛。我們必須相信，即使沒有得到他人或特定對象的保護，女性自己也能擁有令人羨慕的美滿生活。

任何情緒都沒有錯

「
當孩子出現負面情緒時，
母親只要告訴孩子：
『原來你是這樣想的啊』。
」

「這個想法真的太幼稚了。」、「像笨蛋一樣⋯⋯。」、「我知道不能那麼做，但是⋯⋯。」在我們日常使用的話語與隱藏在話語深處的心態中，其實存在著許多評價與判斷。這些評價與判斷從何而來？回想你至今是否有過無論做出什麼行為、說出什麼樣的話，都不會遭到批判，而能立刻被接受的經驗？

在人的一生中，首先要確保的是生命安全。

不過，生命安全固然重要，心理安全也不容忽視。請試著回想，你是否有過心理安全的經驗？

換言之，我想問的是，各位是否有過無論說什麼話、做什麼事，都不會被任意評論，並且能被不帶有任何成見的態度所接受的經驗？或者，是否你曾經以這樣的態度對待他人？

我在諮商室曾見過許多個案，他們在對話中不斷地評論自我，即使在心理師沒有介入的狀況下也是如此。我想問問大家，是否曾經放下家庭或社會施加的各種評價，單純進入一段安全的關係中呢？如果沒有，那麼，這個回答所代表的意義恐怕是相當沉重的。

在我們的父母、甚至連我們自己都沒有意識到的當下，有多少判斷與評價的話語決定了孩子的思維模式，或者即便成年後依然發揮著影響力？個性敏感的人，只要對方說話稍有一點批判自己的意思，就會立刻緊緊關上心房。一旦習慣了這種思考模式，他們將會以「好與壞」、「對與錯」的二分法來區分這個世界，甚至不斷以此攻擊與批評自己。

某位宗教領袖告誡人們，只要心中有邪惡的想法，就算犯罪。這會讓孩子們光是憑自己心中可怕的想像，便斷定自己是個思想扭曲的壞人。不過想法終歸是想法，感受終歸是感受。即使心中有任何想法和感受，也不代表自己一定會成為那樣的人。

想法與事實是完全不同的，我們必須先相信兩者截然不同。即便如此，光是心裡出現負面的想法，就足以讓人喘不過氣，進而引發各種身體上的、心理上的症狀。此外，「一不小心犯錯就可能被拋棄」、「表現不好就可能不再被關愛」的恐懼，將使孩子變成權力慾望強烈的人，卻也讓自己在這個權力結構中更加痛苦。

別隨意評論孩子的情緒

幾年前，有一位國小高年級女生因為寫詩而聲名大噪。我也對那位女學生的文筆讚嘆不已，她的想像力引人入勝，讓人讀得津津有味。雖然詩中細節已經記不清楚，不過當中有些天馬行空的想像讓我印象深刻，像是把媽媽抓來、磨碎吃掉等。發表後，許多媽媽們都氣急敗壞，批評這孩子怎麼可以有如此恐怖的想法，還說這孩子和媽媽之間一定有嚴重的衝突，孩子才會把它寫成詩，甚至說這個孩子肯定有嚴重的心理問題。

讀著那首詩，我倒認為這孩子以後一定會是個想像力特別豐富、特別突出的人。

像她那樣能自由自在地運用文字表達內心無窮無盡的想像，甚至還能寫成詩，這樣的孩子絕對沒有問題，反倒是說不出內心的感受才有問題。能夠寫出這種詩的孩子，她的母親在閱讀的時候，想必會覺得非常有趣，而不是深受打擊吧？如果是我，應該會莞爾一笑，開心地對孩子說：「唉唷，妳這孩子真是的。」甚至期待她下次會用什麼樣的想法和想像帶給我驚喜。

「想像」必須是天馬行空，不該有任何道德或倫理的介入。試想，我們夜裡夢境的內容，即使夢中出現多麼駭人聽聞的情境，也沒有任何人會擔心當事人做壞事吧。

有些母親慌張地跑到諮商室問我：「醫生，我的孩子這樣形容媽媽。這應該是很嚴重的問題吧？要是孩子去做壞事該怎麼辦？好可怕！」其實我很想說：「媽媽，是您更可怕吧。」不過最後我只是一笑置之。

任誰都想教養出只做好事、說好話，開朗又討人喜愛的孩子，我完全可以理解這樣的心情。但是，母親不允許孩子有負面想法或任何惡意的態度，反倒可能在孩子心

中埋下不該有的罪惡感和負罪感。行為需要父母管教，但是情緒和想法最好任憑孩子盡情發展。情緒沒有好壞對錯，情緒和想法都是相當主觀且直覺的，所以沒有必要帶入任何評論。

如果母親認為孩子出現錯誤的、負面的情緒或想法時，只要中性地告訴孩子：「原來你是這樣想的啊……。」一旦有任何價值判斷和評價介入孩子的想法，孩子將變得難以接受真實的自己，也就意味著難以接受他人。甚至可以說，無法接受自己的人，幾乎不可能毫無偏見地看待他人或接納他人。無法以適當感受接納自我的人，幾乎不可能毫無偏見地看待他人或接納他人。

開朗正向的態度，表現給誰看？

偶爾在網路或書店看見心理學相關的書籍，有不少書名讓人感到困惑，都是引導孩子變得更開朗、更正向的教養方法。坦白說，我個人對於這樣具有商業目的的教養方法不太認同。

當然，專家提出的專業方法背後自然有其考量，但是這種「我會告訴你簡單的解決辦法，所以你一定要買來買」的態度，令人不敢恭維。甚至他們提出的專業建議和方法是否可行，也都有可能是個問題。開朗正向倒是不會讓孩子變壞，但是不開朗正向就有問題、就是不好的，這種想法終究只是人們的刻板印象而已。

根據心理學會流行的性格類型測驗（MBTI）研究資料，相較於西方人，東方人大多性格偏於內向。內向型人格占有壓倒性的比例，足足達到全體人口的七成，然而，現實生活中卻吹起教養外向型子女的教育熱潮。來到諮商室的女大生或年輕的女性上班族們，也有人表示之所以尋求諮商的原因，是希望改掉自己消極、內向的性格。她們非常討厭自己在其他人面前膽怯害羞，無法侃侃而談的樣子。

最終，我並沒有努力改變她們，而是先懷疑這是否真是她們所要的。過去她們並未深入了解自己的特質，也沒有學會善用個人特質的方法，只是貿然以外界普遍期待的形象來理解自己。她們也未曾經歷過消極、內向的自己，受到他人肯定，或得到他人關懷的經驗。

也有人喜歡自己性格消極，不敢站在人群面前，在茫茫人海中不受注目的模樣。

所以，性格陰沉又如何？只要那樣的我不會造成自己的不安與痛苦，就沒有問題。陰沉也好、消極也罷，只要不討厭那樣的自己就好。

一旦有任何價值判斷和評價介入孩子的想法，孩子將變得難以接受真實的自己。

Chapter 3

我也想成為
母親疼愛的女兒

—— 關於母親的匱乏

想逃跑的時候，
不安卻緊接而來

> 有時我們也會利用自己的傷口，
> 成為讓他人無法干涉自己人生的
> 防禦策略。

女兒曾在國小三年級轉學，雖然當時只是小學生，但女學生之間早已出現明顯的關係衝突與心理對立。所以在轉入新學校後，並且還是中途加入的情況下，女兒表現出極度不安和焦慮的情緒。還記得轉學後的一個月內，孩子每天早晨總會嘔吐，丈夫與我為了和孩子一起過這段艱難的時期，幾乎耗盡所有的精力。在這樣的關心之下，女兒與新朋友逐漸相處融洽，到畢業時，已經和班上所有同學打成一片了。

然而，在國小畢業準備升上國中的前夕，孩子再度感到焦慮，變得緊張、痛苦。我在一旁承受著她的不安，同時也引導她回想過去與新朋友相處融洽的經驗，藉此鼓勵她相信自己。不過似乎沒有太大的安撫效果，女兒並沒有因此而穩定

情緒。此時，我的腦海中忽然閃過一個想法。

女兒所經歷的不安，是來自於實際經歷過的真實情緒，而對於新環境適應良好，也是從實際經驗中所得出的真實感受。那麼，孩子明明有過成功克服不安的經驗，為什麼反倒忘不了過去不安的感受呢？這個不安看似存在過，卻是未曾發生過的「想像的不安」。

一旦陷入想像的不安之中，孩子可能因此逃避進入國中前必須面臨的課題。例如，即將被賦予的「國中生」身分，以及明知必須開始認真學習，卻又提不起勁的狀況，在在都令他們想要逃跑，於是便利用不安的情緒當成逃避的機制。「不安」儘管讓他們付出了恐懼與緊張的代價，卻也提供了能安全逃避的依靠。父母忙著關心受到不安折磨的孩子，以及安撫他們的情緒，因此沒有餘力對孩子嘮叨，這也算是孩子手上握著的一張王牌。

操弄自身匱乏的人

不只是女兒，就連身為大人的我們也是，尤其在特別容易感到不安的人身上，也經常看見這個現象。其實不只是在我們長大成人的過程中，曾經歷了無數的創傷，若以整個生命的歷程來看，創傷也不會停止。在這些創傷中，一部分會留下難以抹滅的傷痕，即使事過境遷，人們仍不免深陷其中，而無法活出真正的自我。

創傷也好，傷痕也罷，都不應該被忽視或壓抑，必須以適當的方法予以追悼。但是，如果過度以單純因果關係來解讀創傷，那麼，創傷也可能淪為被操弄的工具，阻礙我們正視自我情緒。

例如，電視上有不少名人談到自己曾經歷過的創傷或挫折，如果這麼解釋創傷後的心理：「因為這樣，我才沒辦法做某件事。」、「因為這樣，所以那件事我辦不到。」這些話在某種程度上的確是事實，然而若進一步思考，也讓我們發覺到：他們是不是正利用心理創傷，當成自己不再往前邁進的藉口？總而言之，儘管受到創傷、

痛苦與不幸的打擊，我們也必須檢討自己是否曾在某個時刻，利用這些創傷，成為讓他人無法干涉自己人生與深入挖掘自我的防禦策略。

治療記憶中創傷的方法

「
只記得過去的幸福時刻，
和只記得過去的不幸，
兩者終歸是相同的。
」

對於同一個事件，母親的記憶和我的記憶完全不同；面對相同的事情，我和孩子的記憶也大不相同。

小時候，母親曾將我託給外婆照顧。對五歲的我而言，一天就像永恆那樣漫長。然而，在母親的記憶中，不過是託外婆稍微照顧一下女兒而已。這樣的差異，可能是因為孩子和大人對於現實有著不同的感受所造成，不過，更大的原因在於兒時的經驗，通常容易與當時的情緒和狀態一起被刻劃在腦海裡。

一名年近四十的女性向我坦言，正因為自己小時候經歷過被母親冷落、被家人排斥，現在才會過得這般不幸。她只記得自己最落魄不堪的模

樣，而日復一日抱怨這些過去影響了現在生活的她，也阻礙了自己的幸福。然而，某次在精神分析的過程中，她提起自己偶然回了一趟娘家，發現小時候的照片，著實被嚇了一跳。因為母親的相機鏡頭所捕捉到的，是自己開心又惹人憐愛的模樣。我想這張照片應該不是她第一次看見，只不過已經有一段時間沒有接觸了，才會有像是初次看到的感覺。

當然，這張照片無法告訴我們關於她還是小女孩時的一切。但是像她那樣只記住不幸和難受的回憶，肯定有其背後的原因。無論是忘記所有負面的記憶，將記憶曲解為只有幸福的時刻；還是只記住自己不幸的身影，兩者終歸是相同的。

電影《羅生門》（一九五〇年）中，我們看到人們對於同一件事，都有著不同的描述。而主角們的陳述，全都偏向對自己有利的方向，也更保護自己。人們的記憶是如此不可靠，並且記憶也會隨著時間的流逝與情緒結合，情緒又帶來了個人主觀的解釋，因此，即使是同一件事，也會像是完全不同的事件般，被刻在每個人的腦海中。

孩子們也會選擇記憶。換言之，他們記住本身的匱乏，對匱乏有著強烈的慾望，並且以選擇性的記憶來強化不滿與怨恨。有人透過不滿與怨恨強化後的力量，獲得生存下去的動力；也有人不斷重複著不幸。這是在潛意識間中建構出的幻想，而這些幻想又建構了我們的真實生活。

匱乏與匱乏感之間

精神分析學家茱莉亞・克莉斯蒂娃（Julia Kristeva）在臨床實驗上，得出多數人因為「愛的匱乏」而罹患心病的結論。

精神科醫師李東植，因鑽研精神分析，後來結合韓國傳統而創立了「道」治療所，他曾說：「心病是感受的障礙。」心中的痛苦與混亂，全都源自於感受，而我認為這個說法很值得深思。李東植也提到，這一切源於對母親的執著、愛恨，以及得不到母親關愛時所產生的敵視感。

實際上得不到關愛，與自以為沒有得到關愛，兩者有明確的差別。孩子無時無刻都在渴望、要求父母給予全然的愛與滿足，但是教養過孩子的父母就知道，再怎麼做，這些付出也經常付諸東流。反倒一些做得不好的地方、偶爾無法滿足孩子匱乏的時候，孩子卻記得一清二楚。

我們的記憶，多數是選擇性建構的。父母和子女對於同一件事的記憶之所以會相距甚遠，是因為我們終究會選擇對自己有利的一方，儘管那是痛苦的回憶。人們藉由掌控「匱乏感」，得以不斷提出渴望與慾望。甚至有人將自己定位為軟弱的人、有所匱乏的人，並貪得無厭地提出要求。

真實與幻想之間

在精神分析的過程中探查曾經發生的事件，就像挖掘古跡般，輕輕地刷開表層，讓事件的真相完整呈現。儘管這個過程相當有趣，有時卻也極其複雜，甚至可能出現

令人訝異的事實。不過，光是拼湊事件原貌的行為，就有助於緩解情緒、放鬆心情。

而在了解事件的來龍去脈後，便能放下心中的重擔。尋求事實固然重要，但並非了解事情的全貌，問題就能迎刃而解，畢竟事實總是脆弱的。

個案在諮商過程中說出的故事，是否真的是他所親身經歷的，其實並非最重要。也就是說，比起深究個案在諮商中的陳述是否屬實，更重要的是釐清個案為何會如此記憶，而創造該記憶的幻想與慾望是什麼？這些慾望的出口又在哪裡？因為這些答案，能告訴我們一個人的真實樣貌與他所追求的真理。如此一來，當事人才能重新接受這些挖掘出來的真相與真理，並重新建構自我。

語言學中，有所謂的「能指（signifier）」與「所指（Signified）」。如果「能指」是以話語說出「樹木」，那麼，「所指」則是樹木代表的「意義」。當某人說出（能指）「樹木」時，每個人對於樹木所代表的「意義」（所指）各有不同的想法。有些人想到的是作為書桌材料使用的木材，有些人想到的則是森林裡的松樹。除此之外，對某些人而言，「樹木」使他們聯想到巨木林，引領他們進入朦朧的風景之中；

而對另一些人而言，「樹木」使他們聯想到施暴時使用的木板，引領他們進入不忍目睹的場景。

記憶是由影響我們最深的父母或他人賦予的所指與意義，一點一滴累積而成。此外，我們賦予自身的創傷何種意義，而對於這個意義又是如何想像和解釋，都將決定著我們面對創傷的態度。

拉岡認為，以「能指」為核心，將外界賦予個人的意義轉變為新的意義，是非常重要的治療過程。這並非任意消除我們心中的創傷或痕跡的行為，而是重新建立它的意義與重要性，為至今在我們心中烙下傷痕的「能指」重新定義。這是潛意識與心理結構的重建，同時也是精神分析的過程。

人永遠有著無限的可能。努力讓那些束縛著我們「能指」，以及串連在「能指」背後眾多的意義浮出檯面，並一一掃除、分離。我們仍有機會跳脫原本熟知且深信的觀念與經驗，跨越習以為常的界線。

沒有「別人家媽媽」，只有「我的媽媽」

> 孩子想像中的理想母親，並不存在；
> 母親必須相信能走出屬於自己的道路。

「媽媽妳幹嘛啦？哪有人家媽媽那樣做的？」

這是女兒三、四年級時最常對我說的一句話。這個時候，我總會這樣回答：

「媽媽不是一定要那樣，妳要試著拋下偏見。我的媽媽就是這樣。」

從這句話裡，可以看出孩子們對母親存在著幻想。也許女兒想像中的母親，是個不會表現出個人情緒，性格溫和、仁慈，就像為遊子「臨行密密縫」的慈母一般！女兒這樣的幻想究竟是如何產生的呢？以榮格心理學的概念來看，可以將此當成是一種「集體潛意識」。就算不用潛意識來說明，也可想成是打從我們出生後，與主要養育者建立關係的那一刻起，就接受著社會性、文

116

化性知識的制約。雖然子女直接透過主要養育者——父母的語言來認識世界，但父母的語言也並非源於自身的語言，而是來自社會化、奠定於世界上無數知識的語言。由此可見，即便沒有刻意學習某些知識，在人們的意識中早已塞滿了各種幻想與理想。

拉岡曾說：「社會、文化與思想所塑造的普遍知識，是大他者（the big Other）的語言。」這裡所謂的大他者，可以是固定不變的某種普遍知識與形象，也可以是所有人看似同意（實際上不一定如此）的常識與標準的普遍知識。

理想母親與實際母親的差距

看來我女兒感受到的母親與她想像中的不同，並非是那般溫柔仁慈。她也無法欣然接受自己想像的母親，和實際的母親有所差距的事實。於是這樣的差異與距離，使她產生了某種「匱乏」，而這個匱乏又對孩子造成了莫名的創傷。在女兒眼中，母親有時說話敷衍應付，有時又說話一針見血，擊潰了她的幻想。雖說慈愛地包容孩子的

一切，才像母親該有的樣子，不過母親實際上也會有情緒化的反應，更有脆弱的一面。後來我女兒有一段時間不願放下毛絨絨的玩偶，試圖藉此滿足心中的匱乏。

大概到了國小六年級，她的態度逐漸出現改變。在低年級以前，孩子通常會以某個特定形象來看待母親，如果母親沒有符合該形象，就可能會感到不滿，並要求母親盡可能符合該形象；隨著進入高年級，孩子開始體認到母親的優缺點，並且能以言語描述。

「媽媽雖然說話一板一眼，但是我知道她很容易心軟，刀子嘴豆腐心。」

「媽媽雖然很嚴肅，但是會從頭到尾把我的話聽完，也會記在心裡。」

「我對媽媽有很多不滿的地方，不過我知道媽媽很擔心我。」

「雖然我有時候很討厭媽媽，但是愛媽媽的心永遠不變。」

這個指標顯示出原本在心中描繪的母親理想形象，並要求母親符合理想形象的孩子，開始認知到母親真實的一面，並試著接受。此時，女兒對玩偶的執著逐漸消失，

對朋友的關心與日俱增。換言之，她已經開始接受匱乏了。

在這個過程中，孩子多數能具體明確地將有關母親的經驗內化。如果孩子無法將母親與自己的關係轉化為具體的經驗，將會永遠受到理想形象所箝制，擺脫不了現實與理想差距而造成的匱乏感。孩子想像中的理想母親，實際上並不存在。他們必須將自己親身經歷的母子關係具體內化，而不是期待著一個虛幻的理想母親。

因此，母親們不應該被「好母親」的形象困住。孩子的要求可以接受與認同，但母親也必須相信自己能走出一條屬於自己的道路。若非如此，將會因為沒有成為理想母親的罪惡感與自責，造成親子關係日漸惡化，或是被迫扮演犧牲的角色。

世上沒有所謂的好母親、壞母親

世界上沒有所謂的「好母親」，只要以最真實的自我和孩子建立各自獨立的特殊

關係，就已足夠。如果母親個性消極，那麼，孩子就得接受母親不願出頭、為人低調的形象，而身為母親的自己，也沒必要對自己消極的模樣感到不安。唯有如此，才能理直氣壯地告訴孩子：「我們家的媽媽就是這樣。」

這句話的意思不是：「我就是這種人，你想怎樣？」而是要讓孩子在實際的親子關係中，體認到母親的態度：「我不是妳想像中的媽媽，但是身為妳的媽媽，我全心全意地愛著妳，也因為妳是媽媽的女兒，理所當然得到媽媽全部的愛。」

相反地，母親也必須認同與接受女兒與生俱來的各種特質或優缺點。女兒既是與我們外表相像、理應加倍呵護的孩子；卻也是繼承我們身上討厭的缺點，令人擔憂的孩子。這兩種情況，都與母親本身脫離不了關係。之所以出現這樣的矛盾，原因在於母親沒有認清孩子是與自己不同的獨立個體。

當母親發現自己身上討厭的缺點出現在孩子身上時，往往會希望孩子盡快改過；然而，在孩子身上看不見自己某些優點時，卻又責備孩子怎麼連這都辦不到。當母親

不夠認識自己、不夠愛自己，就會將這樣的態度投射在孩子身上。因此，母親必須充分理解自己，全然相信自己，才有辦法客觀地認識並接受孩子與生俱來的各種性向和特質。面對孩子需要調整的地方，必須多花點心思等待，因為唯有耐心等候，才能以非暴力的方式掌握到改善的時機。

如何成為「我的媽媽」

二十歲的我，準備離開修女院的當天凌晨，如今已是神父的一位神學生，看著不顧一起在教堂成長的情誼、執意離去的我，哽咽著說出這樣的話：

「又蘭啊，天主不是別人的天主，是我的天主。祂不是別人的神，是我的神。你要記住，一定要見到自己的主。」

母親也是一樣的。只要扮演好「我的媽媽」這個角色，而不必是「別人家的媽

媽」。對外形象再怎麼好，為人再怎麼和氣，如果母親沒有將「我的媽媽」的形象植入自己記憶中，就沒有意義。沒有永遠惡毒的母親，也沒有永遠溫柔的母親。

害怕表現出不好的一面，而一昧追求美好形象，這種逃避的態度只會使內心的黑暗面日漸擴大。而黑暗的代價，將由子女承受。當然，也不必認為自己只是壞母親而感到自暴自棄，將孩子拒之千里。衷心希望各位都不是只有一顆想成為好母親的心，卻忽視孩子真正需求，而最後活成日漸孤獨的母親。

總而言之，我們必須成為懂得思考與探索的母親。因為當母親能夠體認到自己的需求與慾望、匱乏與創傷，並且完成追悼時，將可看見過去未曾展現的熾熱母性。

細看自己，就能看見母親

「
仔細觀察自己對待孩子的態度，
有時能看見某個人對待我的態度，
正原原本本地表現在孩子身上。
」

某天，接到前輩打來的電話，十分焦急地對我說：

「我知道因為是老朋友，照理不應該請妳幫我，但是我現在能想到的只有妳了。因為太過慌亂，想跟妳說點什麼也好。」

原則上，我是不提供好友或有私交的人諮商的，但事發突然，當下無法斷然拒絕，或轉介給其他專家，所以我暫且讓前輩來我的諮商室，先聽聽她的故事。

前輩婚後生了大女兒和二兒子，夫妻間的關係還算和諧美滿。不過，只要一提到孩子的問題，尤其是女兒，夫妻倆必定大吵一架。那天也

是因為大女兒的教育問題而爆發口角。

前輩的先生特別看重大女兒的學習，尤其是英語，總是隨時緊盯著女兒的學習狀況。然而原本一向乖巧聽話的她，某天的學習表現忽然退步。對於女兒突如其來的轉變，父親感到慌張不安，立刻詢問妻子是否該換一間補習班。前輩一聽到丈夫的話，內心不禁厭煩、滿腔怒火。前輩認為孩子的學習有時表現好，有時跟不上進度很正常，丈夫實在沒必要為此感到不安。而且丈夫已說過會負責女兒的學習到底，現在忽然拿女兒的事來煩自己，不免有了如此劇烈的反應。

這次的爭吵越演越烈，演變為雙方情感上的爭執，甚至走到提出離婚的地步。前輩無法理解為何這件事會嚴重到要離婚，好像所有問題都混在一起，最後只好趕緊與我聯繫。

仔細聽完整後，我問了幾個問題，而前輩在對話過程中，自己也發現了一些問題。包括原本行程都正在進行中，且前輩也花了許多時間在二兒子身上，現在卻又得

124

為了大女兒補習班的問題而調整行程、找新的老師，這些都令她煩躁不已；還有，女兒最近忽然模仿起弟弟的英語發音，前輩看了覺得不快，心想「妳究竟想怎樣」；更重要的是，看到女兒跑向丈夫，裝出小嬰兒的模樣跟丈夫說話，尤其讓她感到厭惡與憤怒。所以前輩和父女倆劃清界線，表現出「隨便你們」的態度。而面對前輩的態度，丈夫竟莫名地大發脾氣，痛罵：「妳這樣還算是孩子的母親嗎？」各種無法被理解的委屈、混亂、不安和自責的情緒交錯著，逼得她不得不尋求幫助。

原生父母的態度與慾望在無形中傳承

　　前輩從小在沒有男丁的家中長大，她的母親經常吐露膝下無子的遺憾，而前輩身為長女，自然接收了母親的種種怨言。母親原本期待第二胎能生下兒子，豈料竟又是女兒，失望之餘，決定把前輩的妹妹當成兒子養。前輩說，母親喜歡幫妹妹剪男孩子般的短髮，而妹妹也在母親的教養下，逐漸成為了「男人婆」。在如此期待下成長的妹妹，想必也經歷過一些不為人知的艱苦。

前輩婚後第二胎生下兒子，她的母親高興得不得了，甚至願意為外孫犧牲一切，而前輩身為母親，也將兒子捧在掌心，像是終於為娘家一掃冤屈。經過長時間的對談，前輩才發現自己正以母親對待自己的方式對待女兒，不禁哭了起來。她終於發現，是自己把女兒當成是和兒子親密接觸的阻礙，想要推開女兒、疏遠女兒。這樣的心理衝突究竟是什麼原因造成的呢？

丈夫忽然小題大作拿女兒的教育問題出來談，之所以令前輩感到憤怒，也是因為這妨礙了她將所有心力放在兒子身上這件事。前輩如此執著、專注在與兒子的關係，並不只是為她的母親出口氣這麼單純。事實上，前輩完全繼承了原生母親的慾望，並且將它當成是自己的慾望，繼續為這個慾望提供養分，投入精力關照。

無論是在這樣的母親底下長大，還是日後成為大人，前輩都不曾發過脾氣或有過任何怨言。她心中唯一的想法，只有盡全力照顧母親，照顧因為沒有兒子而過得不幸的母親。看著母親對外孫心滿意足的模樣，前輩或許覺得自己代替了母親贏得過去不曾獲得的愛。然而，她卻默許由自己的女兒來承擔這個代價。

我聽著前輩的故事，內心進一步出現了這樣的想法：「無論是在本能或直覺上，妳的女兒早就知道如何對抗和疏遠自己的母親了啊！」因為她懂得利用對英語成績較敏感的父親，也懂得讓父親代替自己和母親對抗、責備母親。我心裡想著：「這孩子還真是機靈。」

更重要的，還有女兒英語出現退步的時間點。無論是過去或現在，母親應該都是以相同的模式疏遠女兒，並與兒子維持緊密的關係。如果女兒英語忽然退步，在這個時間點前後肯定發生了什麼事，必須好好調查清楚。例如，夫妻間的關係或心境是否產生變化，甚至是父親的狀態如何？總而言之，多虧了這次事件，前輩才有機會反省自己，重新探索與女兒的關係，孩子或許也因此能得到自己期待的改變呢！

名為「家人」的心理聯繫

仔細觀察自己對待孩子的態度，有時能看見某個人對待我的態度，正原原本本地

表現在孩子身上。從小被母親冷落的人，容易冷落孩子；母親重男輕女，子女也可能更看重兒子，這不一定與父權家庭的氛圍有直接關係。我們也可能在沒有意識到的情況下，以相同冷落女兒的方式對待兒子。

這個名為「家人」的聯繫，不斷創造出心理上難以切割的複製，形塑下一代的人生。如果可以站在各自獨立的立場，營造健全的關係，當然再好不過。然而矛盾的是，想要停止這樣的複製，就必須先徹底了解自己與父母的過去。

如果沒有時時刻刻對自己感到好奇，或者對自己而言堅信不移的各種知識，以及被灌輸的普遍常識，從根本上抱持著懷疑、提出問題，我們就得繼續扮演某人的角色，代替某人實現慾望，過著演員般的生活。甚至想從自己孩子身上找回遺失的自己，從此落入不幸的迴圈當中。

「我做我的事，你做你的事。我不是為了符合你的期待才活在這個世界上。你也不必實現我的期待，希望我們是真心誠意地看待彼此。」

—— 弗雷德里克・皮爾斯（Friedrich Salomon Perls）

我也想成為
母親疼愛的女兒

「
受到母親的偏愛，
得付出超乎想像的代價。
」

京熙在幾乎都是女性同事的公司上班，曾經與惠成走得很近。京熙將年紀較大的惠成當成是自己的姊姊，發自內心地喜歡惠成，也覺得與惠成相處非常自在。在京熙眼中，惠成不但長得漂亮、性格也好，能力更是出眾，是京熙羨慕與追隨的人。公司裡的女主管也喜歡京熙和惠成，所以三人非常要好。

然而，從某天開始，京熙覺得主管似乎更喜歡惠成，也更照顧和信任惠成。當京熙對主管的反感和不滿開始逐漸出現後，一些小摩擦也隨之發生。

後來在一項眾人合作的計畫中，京熙接手了部分的業務。這項業務的決策需要經過大家共同

決定，然而京熙卻擅自做主，之後才向主管報告，這件事引發了雙方的激烈衝突。事後才被告知的惠成，指出京熙在處理業務上的瑕疵，也使兩人的爭執浮上檯面。京熙認為惠成當面指責自己的行為是惡意攻擊，更因此而情緒失控。

惠成實在無法理解這樣的狀況，明明不久前兩人還那麼要好。她雖然想盡辦法向京熙解釋目前的情況，但越是想要客觀說明，京熙就越覺得惠成是在攻擊自己、強迫自己。主管也同樣無法理解。她試著接近京熙，想和京熙一同解決問題，京熙卻認為主管和惠成兩人合力攻擊自己，於是轉向旁人尋求幫助。

三人的戰爭最後還延燒到其他人，造成同事間的尷尬與緊張，辦公室氣氛也變得烏煙瘴氣。主管認為事情若再這麼發展下去，肯定會影響公司的運作，於是透過友人找上我，希望進行團體心理諮商。

偏愛的代價

團體心理諮商開始沒多久，京熙便火力全開，說惠成對自己的指責有失公允，不但妨礙了她自由選擇的權利，還對自己亂發脾氣。而惠成無法理解京熙為什麼會把怒氣發洩在自己身上，反倒比京熙更加憤怒，又覺得曾經那麼喜歡自己的京熙背叛了自己，而痛苦不已。就這樣一週一次，持續了幾週絲毫沒有停歇的情緒爆發後，某次，京熙忽然哽咽地提起自己兒時的事，讓膠著的情況出現了轉機。

在京熙的成長過程中，她對總是偏愛姊姊的母親感到憤怒，卻也同時渴望母親的愛。為了能得到母親的愛，她付出更多的努力和犧牲，然而得到的回報，卻是母親依舊以姊姊為優先，並全然信任且依賴姊姊。

京熙坦言，在同一個小組內，主管更偏愛惠成（儘管事實並非如此），這讓京熙心中燃起難以克制的怒火，並轉而向惠成宣洩。京熙從某一刻起出現的幻想，反映的是她母親與姊姊的關係，而非現實中主管和惠成的關係。然而，她卻將原本想對母親與姊姊發洩的怒火，轉而發洩在主管和惠成身上。間接聽聞京熙的情況後，惠成立刻

明白自己為什麼意外地成為加害人，並且理解了京熙的情緒。

京熙喜歡惠成，進而羨慕惠成，但她卻無法克制羨慕帶來的嫉妒，並且毫不掩飾地表現出來。這個嫉妒當然不只源於她的母親偏愛姊姊而使她得不到愛的匱乏，偏愛造成的創傷固然嚴重，然而其中也同樣存在渴望占有母親的強烈慾望。此時，當事人會為了隱藏與保護自己的慾望，將對方塑造成攻擊者及加害者，並因為對方而感到極大的恐懼、不安與擔憂。這是一種占有的慾望。這種慾望不分對象，可能出現在任何一種關係之中，非關個人意志，且千萬不可將占有慾誤認為是愛。

梅蘭妮・克萊恩（Melanie Klein）曾說：「親子關係中的嫉妒，源自於孩子渴望將自己羨慕的母親完全占為己有，並與母親合而為一的衝動與慾望。」當這個慾望受到挫折而未能實現時，或者孩子無法接受這個挫折而化為怨恨時，就會產生不安。如果這個扭曲的心態沒有順利解決，孩子將可能出現企圖破壞的衝動，而破壞的對象自然是自己或（孩子以為）迫害自己的人。這是因為他們沒有將內在的他人與自己區分開來，而最終釀成悲劇。

其實所有人都有這樣原始的嫉妒心，只是每個人處理嫉妒的方式不同，最後的結果也將有所差異。我們必須學會接受自己所經歷的匱乏與缺憾，以及這些失去所帶來的體悟。然而，不少人即使正經歷著不斷的失去，心理上卻持續在抗拒失去的事實，在如此矛盾的情況下成長。

此外，嫉妒與羨慕是一體兩面。當羨慕的情緒發展成過度癡迷、想成為對方的慾望，而慾望卻無法得到滿足時，羨慕也可能突然轉為嫉妒心和恐懼感。如果有些人特別令我們羨慕、嫉妒，那可能代表對方擁有某種我們遙不可及的期盼，而我們正渴望獲得它。

被偏愛的一方就幸福嗎？

難道被偏愛的一方，就比被冷落而受傷的其他兄弟姊妹更幸福嗎？不是的。其實，受到母親的偏愛，往往得付出超乎想像的代價。在父母偏愛下長大成人的孩子，

有時必須代替兄弟姊妹承擔父母給予的更大責任。誰負責照顧父母並不重要，重要的是兄弟姊妹心中的某種「報復心」。「你得到了那麼多，負起這樣的責任不為過吧？」這句話乍聽也許理所當然，不過站在當事人的立場，難免會覺得有點委屈。儘管得到父母更多的愛，理當付出更大的代價，但這並非當事人所願。有時，為了報答父母的偏愛，甚至得賠上自己的人生。

在眾多兄弟姊妹中受到父母偏愛的女兒，與兒子的情況又會有些不同。在母親與女兒關係非常緊密的情況下，母親有時可能會做出試圖干涉女兒一切的行為。在這樣關係下長大的女兒，終將成為一事無成的人。然而，母親卻將這個結果丟給其他女兒，要求她們無私的犧牲；而過去那樣渴望母愛的其他女兒們，卻必須賠上自己大部分的人生，去照顧因為母親偏愛而過得一無是處的姊妹。

京熙一方面渴望著母親的愛，一方面又得處理母親與姊姊母女連心所引發的種種問題。京熙和能力出眾的企業家丈夫結婚，經濟上較為充裕後，母親和姊姊理所當然地想享受京熙寬裕的生活；而京熙由於長期缺乏母愛，內心也浮現出這樣的想法：

「如果我為媽媽和姊姊提供物質或精神上的幫助，媽媽會不會更愛我，更認同我？」

關係變得比以前更好了。

不過，在京熙說出自己的故事後，並真誠地向惠成道歉，據說她們的覺得不可理喻。不過，在京熙說出自己的故事後，並真誠地向惠成道歉，據說她們的成打擊甚大，她和主管私下也並非那樣親密的關係，然而自己卻得承受莫名的憤怒，望在京熙心中不斷累積，這股憤怒最後在其他結構相似的關係中爆發了。這件事對惠熙，甚至只要有絲毫不滿，反倒會發更大的脾氣，提出更過分的要求。各種怨恨與失但是母親和姊姊就像無底洞一般，再怎麼付出，她們也不懂得感謝、不珍惜京

憤怒伴隨著快感發生時

京熙向主管與惠成宣洩的憤怒，基本上就是潛意識下的選擇。不過，並非所有人在對自己造成傷害的類似結構、環境或關係之下，都會以這樣的方式來發洩。

雖然我們認為創傷造成了這種循環，所以創傷必須加以撫平，不過，在這樣的循環之下，還隱藏著復仇的快感。即使因為沒有適時解決受到的傷害與失去，而在心中留下創傷，我們也不會只是受到過去的牽絆而一再受傷。將創傷帶來的傷害與失去，還能帶來某種快感。因為儘管受到壓迫、攻擊令我們感到痛苦，我們卻能趁機將這樣的痛苦發洩出來，並且利用這個痛苦繼續發怒。

京熙在諮商的過程中，了解到自己將惠成和主管視為可以報復的對象。她甚至發現自己在潛意識中已算計好，即使把她們當成情緒發洩的對象，搞砸與她們的關係，自己在公司依然可以扮演弱者的角色，這樣的反省出人意料。

於是她下定決心，再也不要以這種方式重蹈自己受傷的歷史，也不想再以破壞自己和他人的方式來追悼過去。她希望放過童年那個滿懷怨恨的自己，以及沒有對自己伸出援手的母親與姊姊。最後，京熙鼓起勇氣原諒了她們，並且帶著希望重新走進自己的人生，重新建構現實生活的關係。

愛隨著嫉妒蔓延

> 愛不是可以平均分配的東西。
> 只要孩子擁有夠多和母親相處的記憶，
> 那就足夠了。

母親對女兒的嫉妒相當隱晦，而女兒對母親的嫉妒則相當直接。尤其從六、七歲到國小為止，女兒甚至可能直接將母親視為競爭對手。

越是天生與母親有較多相似的感受或緊密聯繫的女兒，對母親的競爭心與攻擊性也越強。也有些母親特別不想輸給女兒的反抗，即使是在言語上，也想將女兒壓過去，心裡才會覺得舒暢。

我們經常可以看見永遠贏不過母親的女兒，這個現象讓這句話──「沒有拗得過子女的父母」相形失色。

並非是孩子一定要把父母吃得死死的，而是在與母親的關係中，絕對無法贏過母親的挫敗感，將使孩子產生嚴重的無力感。甚至將戰勝不

了母親這個權威的憤怒，轉而發洩在不當的地方。當母親與女兒進入勝敗輸贏的遊戲時，必然得分出勝利的一方與失敗的一方，此時，孩子絕對居於劣勢。母女關係不是你死我活的遊戲，母親只要扮演好母親的角色即可，一旦母親表現出不服輸的態度，孩子就更容易落入競爭的關係之中。

嫉妒或者誓死對抗

　　女兒與母親的心理聯繫，遠比我們想像的更為緊密。在臨床經驗中，可以發現女兒受彼此間的情緒影響，比母親的影響更大。有些女兒採取硬碰硬的競爭關係，也有些女兒試著建立同盟關係，藉此獲得母親的愛。這種敵對、嫉妒與競爭的心理，難道只會出現在孩子身上嗎？

　　我在修道院生活的期間，曾經發生過一件非常有趣的事。無論是女子修道院或男子修道院，都必然存在著權力與偏愛關係，也存在著慾望、羨慕與嫉妒。當然，修道

士必須透過持續的反省與分享來洗淨自我，並且在日常生活中，努力對抗這些細微的情感。

我沒有在男子修道院生活過，並不清楚那裡的實際情況，不過，女子修道院內發生的事情可不少。修道院一期通常有多名同期生，因為年齡各不相同，所以多數時候不會互稱「修女」，而是稱之為「姊姊」、「妹妹」。不僅年齡相近的人競爭激烈，而且同期之間的嫉妒心也比起前、後輩更為強烈。

曾經有一位修女在團體修練時染上流感，臥病在床。由於在修女院的期間，所有活動都是集體進行，包括一起洗衣、工作、祈禱、用餐、休息。而所謂的集體休息，就是在一天的行程結束後，眾人會聚在一起縫補衣服、一邊閒話家常。不過，一旦有人生病，這個人就會被排除在團體行程之外，只能待在宿舍休息，由同期生準備飯菜帶去宿舍。

某天，和染上流感的修女較親近的另一位同齡修女，也出現了感冒的症狀。她心

想自己既然快要感冒了，得先採取預防措施，於是便拿這位修女朋友的藥來吃。不料吃完後，突然產生了藥物過敏的反應，全身浮腫，狀況相當嚴重，自己也病倒了。

像這種嫉妒眾人的愛集中在某人身上，想要與對方競爭，不惜以類似的身體病狀來分散大家關心的行為，也可能是潛意識中的選擇。

我也想成為一朵花

「媽媽對你們的愛都是一樣的！」

孩子們都知道這句話是謊言。即便表面上努力達到公平、公正，但人心並非機器，不可能公平地給予相同的愛。我們都深受「不能偏愛孩子，要一視同仁」的普遍理想思維所束縛著，並且為了達成這個目標，不得不繼續隱藏個人情感並說服自己。

只是，為什麼愛一定要一視同仁呢？

只要依照你自己的方式去愛，而我用我的方式去愛就可以，我不認為對待老大和老二，或者對待女兒和兒子要一視同仁。只要孩子擁有夠多和母親相處的記憶，便已足夠。

我是長女，家中還有一個弟弟，小時候母親叫父親時，經常在前面加上弟弟的名字，變成「○○他爸」。我從小到大都對這件事非常不滿，為什麼母親不是加上我的名字來叫父親呢？我曾經把原因歸咎於自己的名字，因為弟弟名字最後一個字是「民」，所以「阿民他爸」聽起來比較自然，如果用我名字最後一個字，叫作「阿蘭她爸」，聽起來似乎有些奇怪，我只好這樣安慰自己。

在我看來，夫妻之間稱呼彼此的名字較為妥當。比起把孩子和父母綁在一起，稱呼誰誰他爸、誰誰他媽，以獨立個體的名稱來稱呼對方更好。

詩人金春洙有一首著名的詩——〈花〉

「在我呼喊他的名字前，他不過是一個物體。在我呼喊他的名字時，他才走

向我，化作一朵花。」

比起執著於一視同仁的愛，只要母親能記住孩子名字中的獨特性，並且呼喊出來，就夠了。孩子也是如此。只要能在心中塑造出自己母親的形象，而不是普遍的好母親形象，並且接受這個形象，就不必去羨慕別人的母親。

母女關係不是你死我活的遊戲，
母親只要扮演好母親的角色即可。

連我也不知道的「我」，
身體都知道

> 「我們身體如此敏感，
> 即使是一點細微的症狀，
> 背後也有著千絲萬縷的故事與歷史。」

當父母和孩子們忽然出現身體上或精神上的症狀時，最重要的是檢視症狀發生的時間點與前後的脈絡。在相近時間發生相同的症狀並不少見，這不一定是由遺傳因素所造成，也可能是由於潛意識中，將渴望的對象與自己視為一體的緣故。所以在諮商時，必須仔細找出這些症狀如何出現、何時出現，並且要一起探討個案在人際關係中發生的各種問題。這樣的探討與追蹤，有時就像深入搜查案件的調查員一樣。

一位女性個案在四十歲後遭遇人生危機，來到我的諮商室。在經過漫長的探索過程後，她發現自己母親住進精神病院的年齡，和自己出現嚴重心理症狀而來到諮商室的年齡相同，不禁大吃一驚；另一位年屆四十的女性，發現自己二十歲

出頭墮胎的時間，和母親想要打掉自己的年齡相當接近，同樣深受打擊。

潛意識如此具體而細微地將許多事件銘刻在身上，而我們卻無法察覺這些事件會將我們帶往何方。之所以需要進行令人難受的個人心理諮商，原因也在於此。

許久前在學校工作時，一位患有腸躁症的女學生向我抱怨，說這個病讓她在學校過得非常辛苦。女兒的學校生活不順遂，最痛苦的人自然是女學生的母親。腸躁症是神經性疾病，除了心理因素的解釋之外，從醫院得不到其他診斷原因，也沒有任何處方。母親想方設法，為了治療女兒的疾病拚盡全力，然而，這個症狀最終沒有獲得改善，女兒甚至選擇了休學。

女學生藉由自己身體症狀所要達到的目的，其實是母親的屈服。身為長女的她，平時與母親之間有許多心理上的對抗與衝突，在女兒眼裡，母親是不肯聽自己想法的人。當然，從心理分析的角度來看，女學生的症狀還有許多更深、更複雜的因素牽涉其中。不過，如果女學生休學之後，最痛苦的人是女學生的母親，那麼，就必須懷疑

這個症狀所要傳達的訊息是什麼。

孩子無法清楚、理性地意識到自己的慾望或訴求，因而透過身體症狀發出信號、訴求，而當大人無法認清自己的需求、願望或匱乏時，也會如此。

我們的身體其實有話想說？

與個案相處的時間越長，我便越覺得現代精神醫學的診斷、處方與藥物過於激烈、粗暴。由於經濟上的因素與社會體系的侷限，讓許多醫師無法深入探索、了解個案的歷史，實在相當可惜，他們只能根據分類和統計給予診斷、開出相同的藥物，並根據症狀的程度來減少或增加劑量。然而，我們身體如此敏感，即使是一點細微的症狀，背後也有著千絲萬縷的故事與歷史。雖然無法全盤了解，但至少我們應該傾聽自己的身體，以及身體想說的話與發出的信號吧？

有的人過度盲目相信疾病名稱，或者光是聽見病名，就覺得內心舒坦；反之，不喜歡被冠上某些病名的人，他們討厭自己被定義在某個框架內，拒絕被視為特定類型的人。不過，希望聽到病名的這群人，至少能將自己的症狀限定在特定疾病內，進而得知該採取什麼行動，也才能讓自己安心。對他們而言，這不但是更安全的解決辦法，也不必花費太多精力在深入了解自己的身體，以及與身體直接相關的精神狀態。

對身體的反應過度敏感，喜歡跑醫院看病的人，應該反省自己是否耗費過多力氣在外在事物上；至於過度專注於內在感受而忽略身體的人，也可能是正在逃避某些身體症狀。我們的身體與精神一體兩面，必須將身體的症狀或反應，視為身體向我們發送的暗號或訊息。

「任何身體的症狀都是暗藏玄機的提問，也是試圖傳達某些訊號的努力。」

——達里安・李德爾

當身體感到疼痛時，不妨檢視內心

精神分析學家茱莉亞・克莉斯蒂娃曾說：「當『討厭』或『喜歡』這類辭彙受到壓抑，甚至連某些言語都無法表達的細微情緒被壓抑時，這些情緒將觸發強大的力量向外釋放，那是任何一種精神上的印記或象徵都無法穿破的力量，而這股力量將轉而攻擊身體，破壞身體器官。」

許久前認識的貞惠，一週有五天要到醫院接受治療，而且不同天有不同科別，例如韓醫院、整形外科、物理治療、皮膚科、內科等。即便來回奔波各家醫院接受各種治療，她的症狀依然沒有好轉的跡象，最後才選擇了心理諮商。

在諮商過程中，我發現她兒時因母親離家出走而缺乏母愛，如今利用追悼這個匱乏的方式，持續接受各個專業醫師的照顧。換言之，每週有五天由不同專業的醫師提供她關懷，而這些是她過去無法從母親身上獲得的。為了能持續利用匱乏獲得實質上的關照，因此，身體的症狀自然不允許好轉。

148

潛意識中對匱乏的追悼，如果真的能獲得實質的安慰與康復，當然是最好的；然而，她卻不得不繼續維持身體的各種症狀，甚至為此付出讓健康惡化的代價。在付出代價的同時，她終於覺悟到不能再繼續這樣下去，於是來到了我的諮商室。

當然，她並不希望盡快解決問題。身為心理師，我無法治療她身體上的症狀，況且要是開出解決症狀的處方，她的健康反倒可能受到威脅。因為對她而言，醫院的治療就是她與母親的接觸，而身體的症狀就是母親的化身。我們無法強迫一個女孩放棄母親。唯有她自己體認到那些症狀的意義與真實面貌，並且主動放棄，才有可能。面對與自己身體休戚與共的母親，她必須學會徹底追悼，並且送走母親才行。

Chapter 4

放下「為母則強」的偏執，才能有所得

——關於母親的母性

不愛孩子的「罪」

> 「就算現在盡力滿足當時沒有滿足的愛，
> 孩子受到的傷害也不會痊癒。」

天底下怎麼可能有不愛孩子的母親呢？先以結論來思考，不愛孩子的母親處處都有。甚至有些母親，將孩子當成實現自己慾望的對象，或是將孩子當成自己的附屬品，欺騙自己那就是對孩子的愛。

「母親必須無條件愛孩子」是這個世界共同建構出的幻想，也是一種母性神話。其實就連親子之間的愛也是有條件的，在父母的犧牲中，隱含著獲得同等報酬的期待，有時他們甚至透過話語或行動，直接或間接地向子女提出要求。面對母親發出的呼喊，子女通常很難逃避。

有時母親們會暗暗自責：「我是不是太缺乏母性了？」不過從另一方面來看，我認為她們非

常誠實，能夠發現或察覺到愛自己更勝於愛孩子，至少已經是個正面的訊號。其實不是不愛孩子，而是當她們的心中只有自己時，自然容不下其他人，即使那個人是自己的孩子。母親經常嘴上說要保護孩子，其實更多時候是想保護自己；而孩子們儘管說服自己理解母親，內心卻有一股抵抗的力量逐漸萌芽。

經過長時間與多數女性個案們相處，我發現她們並非缺乏母性，而是被自己經歷的創傷與匱乏壓垮，無法正常發揮母性。只要不是太過自戀（narcissism）而無法自拔，至少在我的經驗中，沒有一位母親是缺乏母性的，只有母性無法正常展現的狀況而已。

越是了解自己內在的創傷，就越能了解自己，而與生俱來的母性也將自然而然地顯露出來。更準確地說，了解自己的女性，將可以透過自己的方式去發現新的母性，找回母性原有的功能，使它正常發揮力量與光芒。這是因為她們已經能夠分辨清楚自己該捍衛什麼，又該守護什麼。接著，她們也將學會保護自己和孩子以外的人。

那時候是不得已？

我在心理諮商的過程中，發現小時候母親對我的一些小小責備不斷累積著，導致我在潛意識中認定自己是個不及格的母親。因為自己的狀態不穩定，所以在孩子就讀國小期間，曾經有長達三年多的時間，將孩子交給婆家照顧，讓孩子在鄉下的學校就讀。雖然有不少無奈的現實因素，不過，那些都只是為了說服自己的藉口罷了。

透過諮商，我才明白自己將孩子送走的原因，源自於內心根深柢固對自己的不安，以及在備受挫折的婚禮籌備過程中，對婆婆造成的傷害進行報復。那一瞬間，我的雙腳幾乎失去力量，已經記不得自己坐在諮商室外的樓梯上哭了多久。一方面對於自己當時利用孩子發洩自身的憤怒，而感到萬分驚恐；一方面也看見自己扭曲的母性——因為認定自己是個失格的母親，而企圖以疏遠孩子的方式保護孩子。

許多母親常說：「那時是不得已。」這是隱藏自己潛意識的行為。或許有些事情只靠自己的力量難以成功，但是如果我們沒有盡全力反省自我、懷疑自我，那麼，自己或自己最寶貝的孩子，必將為這個狡猾的潛意識付出代價。

由於國小低年級時與母親分離，造成我的女兒有一段時間相當匱乏，而這樣的匱乏也明顯表現在一些細微的徵兆上。例如，女兒在性格上過度內向、與朋友漸行漸遠，並且相當敏感。看著女兒因為對人際關係過於敏感，而讓自己遍體鱗傷的樣子，身為母親的我相當難過。儘管如此，我依然沒有逃避的，不停思索女兒正在付出什麼樣的代價，以及那時的我沒有盡到為人母親的責任是什麼。

有些父母因為對孩子抱有罪惡感，而對孩子的要求言聽計從。了解過去自己犯下哪些錯誤、為什麼犯錯固然重要，但是如果想藉由順從孩子來補償自己過去的行為，是非常危險的。因為罪惡感造成的補償心理，並不是真的為孩子好，這不過是母親用來安慰自己的行為罷了。

事到如今，補償也沒有意義

一位朋友早婚，如今她的女兒已經是大學生。女兒在就讀國小、國中期間，朋友

與丈夫正經歷婚姻危機，生活幾乎一團糟。直到女兒上了大學，朋友的生活才算步上軌道。經過一段時間的努力後，朋友已經順利克服困難，不僅重新站了起來，甚至能扛起母女倆的經濟負擔。但對於女兒過去缺乏母親陪伴而產生的心理匱乏，朋友深感自責。因此，對於女兒上大學後的態度及要求都百依百順，導致自己再度陷入混亂。

朋友說：「至少現在多滿足女兒一點愛也好吧？」看來朋友有一個嚴重的誤解，當時形成的缺口，無論現在再怎麼縫補，缺口也不會消失。可能是她私心想為自己曾經犯下的錯贖罪，這是母親為了抵銷自己罪惡感的行為，其實反而是更愛自己的處理方式。

然而她的女兒目前需要的，並不是在她年幼時應該獲得的照顧。**女兒實際上正巧妙地利用母親的罪惡感來控制母親，將母親牢牢困住。**導致母親必須隨時回應女兒的需求，在女兒需要的時候隨侍在側。

認同並接受已造成的傷

　　在人類的各種衝動中，快樂是讓人嚐過一次滋味後，就難以自拔的衝動。快樂儘管伴隨著痛苦，卻也無法停止。朋友女兒看著母親任自己擺布的模樣，體驗到某種奇妙的暢快和勝利感。然而，這樣的控制並不能讓女兒感到幸福，或是過著更滿意的生活，只是讓母女關係更加扭曲、複雜而已。對女兒和母親來說，都很痛苦。

　　對於因為過去缺乏母愛而承受痛苦的女兒，該如何幫助呢？首先，我們必須認同這樣的事實：即使為了彌補過去的缺憾而現在滿足女兒大量的需求，女兒曾經受到的傷害也不會淡化或消失。換言之，就是要正視過去已經造成的傷害。所謂的「認同」，不是只在心裡想，更該用全部的身心去接受。所謂的「接受」，則是大方承認我們對各種事件所產生的反應，並且深入去體驗與感受，進而樂於承擔它所帶來的責任與代價。

但是如果想藉由順從孩子來補償自己過去的行為，是非常危險的。

母親是真心希望
女兒幸福的嗎？

「
她們將自身的創傷與扭曲，
當作潛意識的飼料餵養孩子，
無形中對孩子進行掌控。
」

「父母愛子女」是理所當然的常識，儘管如此，就像前面所提到的，可惜這只是社會營造出的一種理想而已。在實際進行深度諮商時，便能見到許多不肯輸給子女的父母，也有不少女兒說自己從來都不曾贏過母親。女高中生詩鉉每次和母親吵架時，總在聽到這句話後啞口無言。

「妳怎麼敢對媽媽這樣說話？這裡不是妳家，是我家！」

當子女不肯聽從自己的命令時，父母只好拿出他們的權力。雖然我也想過或許是孩子太沒有禮貌，母親才會說出這樣的話；不過即便如此，這句話也赤裸裸地表現出母親內心看待子女的態度。這個案例也許看似微不足道，然而實際上的

確有不少母親從未意識到自己的所作所為，已經在無形中妨礙了女兒的幸福。

母親內心的嫉妒

來到我諮商室的賢淑，是個努力為女兒付出、在背後支持女兒的母親。然而她發現自己每到關鍵時刻，總會在無形中阻礙孩子的升學。她盡力讓孩子補習，卻在女兒想申請好的大學時，以安全為由不斷說服女兒接受較低的標準。她心裡經常浮現這樣的想法：「高中畢業的我，付出到這種程度就夠了吧？」賢淑更發現即使收到學校發的家長面談邀請，自己也會以各種藉口推辭，無法對女兒的未來投入更多關心。這樣的阻撓，無疑是一位母親刻意阻撓女兒超越自己。

然而，當賢淑的先生為女兒努力時，看著一切的她一方面對丈夫感到欣慰，一方面則閃過一絲羨慕女兒的想法：「我可不像妳有這麼好的爸爸……」。

無論或大或小，人們都有著強烈慾望想守護自己的某種東西。許多母親或家長常說自己「為了保護子女」、「都是為了孩子」才努力奮鬥到今天，但在這些話的背後，其實也隱藏著母親個人的慾望與私心。這是人性的弱點，也是母親的弱點。看著與自己無關的人成功，我們真心感到敬佩；然而，對於身旁最親近的人（家人、朋友等），我們卻想與之比較，分外眼紅。

潛意識是如此奇妙、利己，但即使是潛意識，那也是自己的行為。只要我們能不斷自我覺察，將潛意識提升至意識的層次，那麼，任何行為都能適時停下。

母親的愛之中也藏有毒性

一位走進諮商室的年輕女性，說她每次要和男友見面時，總能從母親刻意阻攔的行為中發現母親的嫉妒，而深受打擊。這是因為她受到既定印象的影響，認為「母親是無條件愛護自己的人」。她所熟知的一般想法，導致她怎麼也無法理解自己與母親

之間的矛盾；直到後來，當她察覺那是母親的嫉妒所引發的行為時，反倒更願意接受與母親之間的矛盾，心裡也更踏實。

嫉妒與羨慕的情緒本身都沒有錯，因為那是所有人類最原始的情感，無一例外。

但是如果不能意識到自己嫉妒什麼、羨慕什麼，這個代價將由最親近的人來承擔。尤其是高舉「家庭是由無私的愛所組成」的觀念，從未懷疑過何謂「愛」的人，問題會更加嚴重。因為他們堅信母親和女兒沒道理嫉妒彼此、阻礙彼此，下意識想要隱藏或對這樣的狀況視而不見。因逃避所產生的扭曲與弊端，往往害人不淺。

美國精神分析學家麥可·艾根（Michael Eigen）說：「在母親的母性中不只有愛，也有毒。」因為母親身為一名女性（而非母親），眼中所看見的女兒不只是自己必須保護的人，同時也是一個比自己過得更幸福的年輕女性。在女兒成長過程中，有時女兒將母親視為競爭對手，而母親也在無形中與女兒相互競爭。

婚後，女兒們經常會聽見母親這麼說。

「至少妳遇到好老公，生活很幸福，不是嗎？」

這是遇人不淑而活得痛苦與不幸的母親們，對嫁給好老公的女兒所說的話。女兒過得比自己幸福，母親固然感到慶幸，然而，在母親的話語深處，卻也隱藏著微妙的嫉妒和羨慕。看著女兒幸福的模樣，母親在感到欣慰之前，最先想起的是自己不幸的處境。在她們眼中，女兒不是成年的大人，而是觸發自己回到過去的人。這種將女兒視為獨立個體，想與之競爭、比較的原始情感，存在於所有母親的心中。越是憐憫自己、對過去感到悔恨的人，越容易對女兒說出這樣的話。

殺死「母親」，我才能活下來

雖然不是女兒與母親的關係，不過在電影《逆倫王朝》中，有一幕是英祖（宋康昊飾演）要求兒子思悼世子代理聽政，做得好英祖也挑毛病，做不好英祖則痛罵，將兒子玩弄於股掌之間*。這樣的父子鬥爭劇情，並非只在王族權力之間上演，而是在

所有家庭都可能出現的心理對抗。在電影中，思悼世子由於無法忍受父親的反覆無常，最後舉劍試圖殺害父親。儘管在聽見自己幼子與父親談話的聲音後，放下了手中的劍，但思悼世子依然被父親賜死。

這是非常抽象的情感。它如實呈現了我們的內心存在著「如果不殺死父母，就無法活出自我」的內心掙扎。更進一步說明，如果無法殺掉心中的父母，我們終將被他們親手殺死，這裡所說的死亡，並非生物學上的死亡，而是指父母在我們心中不斷發出的聲音與慾望的死亡。

心理上的分離，與經濟上的分離、實質上的分離同樣重要。許多人儘管在實際生活中與父母分居，過著獨立的生活，卻沒有斷開心理上的臍帶，生命便無法繼續向前。所謂的分離，並不是指極端的斷絕關係，而是說我們必須經歷內在真正的失去與獨立。

＊──────
　註：朝鮮國王英祖於西元一七二四年即位，並於一七三六年冊封次子李愃為王世子，命李愃代理聽政以熟悉朝中政務。李愃多次精神疾病發作，最終被英祖關入米櫃內餓死，死後諡號思悼。後由李愃之子李祘繼位為正祖。

若透過閱讀心理勵志書、從事各式各樣的活動來豐富自己的生命，卻不知道自己為什麼這麼做，那麼，心中依然會留下無解的問題，阻礙你的生命成長。人生如果只看好的一面，而逃避痛苦和黑暗的一面，那些必須親身面對、挑戰才能收穫的真理與滿足，就只會永遠存在於遙遠的彼端。為了提高生命的富庶，我們必須主動了解那些影響自己行為的內在聲音，以及根深柢固的慾望。

即便如此，母性依然偉大

儘管我們終究得面臨即將失去的（分離、斷開），然而，母性當中也確實存在著犧牲、全面性照顧與自我放棄等偉大情操。不過我個人認為，這種情操與其說是本能，不如說是高度自覺且有選擇性的。如果是本能的話，所有人都應該相同才對。但是，母性與學識或教育程度無關，只有懂得不斷自我反省、自我思索的女性，才會擁有更高層次的成熟與決絕。

身為母親，必須了解自己過去經歷背後隱藏的意義與痛苦；而想要了解自己，最終仍需付出關心與努力去理解父母的歷史。別為了自我安慰與個人的安穩，過度美化或過度貶低父母的過去，我們需要的是努力了解父母最真實的模樣。所以在心理諮商的過程中，通常會花費大量時間在探索自己沒有意識到，卻在心中扎根的父母們的故事。一個有趣卻也驚人的事實是，原以為自己從未記住或不了解父母的過去，然而，在進行心理諮商的同時，父母的歷史卻像串珠一般前後連貫了起來。

僅僅藉由普遍的心理學知識來認識自己，不僅容易陷入危險之中，也可能將問題歸咎於極其表面的原因。因為即使是有著類似創傷的人，每個人的痛苦與創傷也都有截然不同的意義。

大家是否曾用過「媽媽當然很愛我」的一般認知來理解自己？認為自己是深受母親關愛的女兒，然而，心中的衝突和痛苦卻從未停止？是否在意識的表層說服自己，「爸媽那時也不好過，才會這樣對待我，他們永遠都愛著我。」為父母脫罪，但在內心深處的潛意識中，卻仍有排山倒海的怨恨和情感疙瘩困擾著自己？這是因為自己早

已知道的深層事實，與意識上說服自己的事實並不一致。一個人的創傷與匱乏，並非套用普遍的大眾心理學知識就能理解。一個人的痛苦，必然有著只屬於當事人才能理解的點。

心理諮商，可說是揭開人們潛意識的行為。心理諮商不是將一個人大卸八塊，再好好分析診斷，而是將散落在我們心中各處，但卻沒有意識到的隱諱事實呈現出來，加以理解，並在呈現的過程中承受隨之而來的痛苦。許多人願意經歷這樣痛苦不堪的過程，就是為了察覺自己在不知不覺中可能做出的行為。他們鼓起勇氣，想好好保護自己珍惜的人，遠離自己無法掌控的潛意識和陰影。當然，也是因為想更了解想法和行為不一致的自己。因此，進行心理諮商就是追悼自我的過程，也是重新建構自我的行為。

並非是要母親們拿自己的痛苦和犧牲，向子女或丈夫索求回報，藉此追悼過去的自我，而是儘管問題的發生錯不在我，仍能為自己心中已造成的創傷與痛苦負責，並且尋求解決之道。也有不少母親即便沒有透過心理諮商的治療，也願意付出個人全部

的力量，為了家人與子女們持續探索自我。因為這樣的努力，母性才能便顯現其非凡與偉大。

母親心中潛意識的黑暗力量，並非想掌握一切、吞噬一切。只是因為她們沒有徹底了解內心深處的創傷與扭曲，所以將創傷當作潛意識的飼料來餵養孩子，無形中反覆對孩子進行報復與掌控。母親心中，也同時存在著母性，想要保護、捍衛自己所珍惜的一切，而這個母性的崇高與前者勢均力敵。只是我們尚未徹底發現、經驗與接觸這些母性而已。

「在母親與孩子的關係中，同時存在著恐懼與崇高。」

—— 茱莉亞‧克莉斯蒂娃

渾身是傷的母親，如何再愛人

「　只要內心被個人問題所占據，
就無法將珍惜的人放進自己心裡。　」

在戰後嬰兒潮世代中，經常能看見因為「女兒」而遭受歧視的女性。在這段時期，無論是生下女兒的母親，還是身為這位母親的女兒，她們在家庭中遭受暗中排擠或公然排擠的情況，屢見不鮮。

順貞來到我的諮商室，不是為了自己，而是為了女兒的問題。她說，女兒婚後不過幾年，婚姻就面臨危機，自己不知該如何是好。她希望在女兒接受諮商前，先弄清楚自己的狀態，所以先來進行諮商。

整個諮商期間，順貞幾乎是邊哭、邊說完自己的故事。年輕時候的她，可說是為了生活拚盡全力，一刻也不得閒，艱苦奮鬥的日子歷歷在

目。順貞的母親接連生下女兒，在婆家得不到任何好臉色，而在生下么女順貞當天，婆婆更是直接將新生兒順貞丟在火炕前冰涼的地板上。即便如此，順貞母親也沒有放棄這個小生命，逃命般抱著孩子求助於當地的教會。多虧教會牧師煮米粥給母女倆，悉心照顧，順貞和母親才勉強恢復體力。

順貞從小受到外婆的控制，沒有正常上學，童年過得相當悲慘；婚後丈夫也跟自己處境相當，順貞只能繼續過著艱難的生活。現在好不容易辛苦有了代價，不但買了房子，理財也相當順手，生活過得十分寬裕。但是順貞仍堅持工作，不肯休息。她認為工作的時候才有活著的感覺，而且因為工作盡責，客人時常光顧，自己也覺得很有成就感。之前順貞母親看著順貞婚後生下兩個孩子，生活困苦的模樣，對於女兒遇人不淑而感到惋惜，甚至要順貞乾脆和丈夫離婚，孩子她願意幫忙照顧。順貞當然不願意。一來要放棄自己選擇的丈夫，這個男人可能會走上絕路；二來也不希望婚姻和人生雙雙失敗，所以抱著這個想法咬緊牙根苦撐著。

然而，令順貞感到委屈的是，自己一直以來那麼努力，為什麼女兒還過得如此不

幸？一想到女兒沒有能力獨立扶養孩子，只能帶著孩子回到娘家，就覺得未來一片茫然。所以當女兒決定離婚，回到娘家時，順貞並沒有給予女兒溫暖的擁抱。反倒想盡辦法，要讓女兒與女婿兩人重修舊好。

母親將自己的擔憂，偽裝成對女兒的擔憂

我問順貞最害怕什麼？令人訝異的是，順貞害怕的並不是女兒的不幸，而是女兒離婚會影響自己的工作。如果女兒回到娘家後，沒有人能幫忙照顧年幼的孫子，那麼，自己勢必要為了照顧孫子放棄工作，這樣的憂慮對順貞來說猶如泰山壓頂。

對順貞而言，工作就是自己的一切。在工作的時候，她能清楚感受到自己受到歡迎，以及活著的感覺。雖然以前沒有上學念書，被別人瞧不起，就這麼活到六十多歲，人生路上又經歷了大大小小的傷害，但是進入工作狀態後，她能暫時忘卻這些痛苦，又能得到回饋。

一想到未來可能得放棄自己視為一切的工作，一股堪比死亡的恐懼瞬間湧向順貞。另一方面，順貞女兒在最艱難的時刻找上母親，本想依靠母親，但是母親那樣的態度卻令她備受傷害與打擊，也為此傷心落淚。「我都說我過得不好，不想回到那個跟地獄一樣的家了，為什麼妳還不了解我，只想叫我趕快回去？」順貞女兒對母親大吼，心裡恨透了母親。

順貞說服自己這是為孩子好，一定要忍下來，再說家和萬事興才是最重要的。但理性來看，我們很難說服順貞是真的為了孩子好，才要求女兒回到原本家庭。儘管順貞那樣說服自己，但比起女兒所承受的巨大痛苦，她更擔心的是失去自我，所以選擇疏遠女兒。

不只順貞如此，任何人都是如此軟弱。不過，只要我們明白自己害怕什麼而疏遠什麼，就能找出母女之間更和諧的相處之道。

受傷的母親，被困在過去的創傷中

在我們的理性思維中，認為父母可以為孩子犧牲生命，但是受傷越深的母親，越難以接受孩子最原本的模樣。如果順貞不能徹底認清自己的創傷，看清自己的狀態，不妨先停下來，給女兒一個擁抱。至於該如何解開女兒承受的痛苦與不幸，也可以放慢腳步好好思考，摸索出最合適的方法。人類在最脆弱的時候，容易失去分辨是非的功能，不知道該保護什麼、保護誰，而自己現在又保護著什麼。

順貞因為擔心失去自己而活得戰戰兢兢，這種狀態並不能視為成熟的心理狀態。創傷或匱乏形成的疙瘩越大、越多，停留在當時的自我就越容易否定現在的自己。換言之，順貞正是用兒時渾身是傷的自我來看待現在的女兒，而不是用已經克服一切、生活順遂的大人目光來看待女兒。

順貞不停傾瀉自己難過、痛苦的回憶，那模樣彷彿被鬼神附身的人，對一切置若罔聞。順貞似乎是為了讓自己的處境和態度獲得正當性，所以才會來到諮商室，她問我：「如果是您，也只能那樣做吧？」急著尋求我的認同。我是這麼告訴順貞的：

「這麼說或許您會覺得很不是滋味，不過我希望您能再好好想想。從前您的母親即使受到婆婆的迫害，也絲毫沒有放棄或拋棄您。這是事實吧！後來您在牧師的幫助下和母親一起活了下來，婚後母親看著您那麼辛苦，甚至還希望您離婚回娘家，孩子會替您照顧。母親是用盡一切努力想保護您。即使過去雖然過得非常艱苦，至少也算平平安安活到現在。但是您現在卻要女兒回到她口中那個地獄般的婚姻中，把女兒拒之門外。為什麼會這樣呢？是什麼讓您這麼憂慮，以至於眼中看不見自己的女兒呢？」

順貞聽到這些話，從諮商開始到現在的淚水瞬間停住。這一瞬間，她完全意識到自己的狀態。她發現自己過去從沒分辨清楚內在的匱乏感與真實的匱乏有何不同，而被情感上的誤判與錯覺牽著走。當我們在生活中被創傷帶來的情感衝擊所蒙蔽時，便無法看清現實。

順貞過去確實過得非常辛苦，但她卻忽視了母親最終沒有放棄自己的事實。她深陷過去被外婆欺負、沒有受到保護而產生的匱乏感，反倒無法發現自己正把需要保護

的女兒推向遠方。與其說順貞將自己受到的創傷放在自己身上，不如說她將母親受到外婆的欺壓，也放在自己身上。換言之，她的一生被困在母親的創傷中。

深層心理諮商並不是無條件支持承受痛苦的個案，或是給予安慰。應該說不可以這麼做。有時必須冷靜地面對個案，讓個案真正認知到什麼才是現實。順貞為了尋求安慰與支持、認同而來到諮商室，卻在諮商的過程中遇見了真正的自己。

只要在困難時刻陪在身邊就好

順貞雖然已經是年屆七十的母親，卻和那些來到諮商室，為孩子的問題煩惱、諮商的年輕媽媽沒有不同。她們不是反省自己的問題，而是先請我改善、治療孩子的問題。因為對她們而言，那是更簡單便利的方法。

順貞也是一樣，最後女兒只能靠自己解決問題，日後想必也會是如此。即使是家

人，娘家母親能給的幫助有限，只是讓人感到挫折的，是母親對待我們的態度。換言之，挫折感不是因為母親沒有為我們解決某些問題，而是母親在我們最辛苦、絕望的時候，表現出漠然的態度。

我在自己年幼的女兒身上，以及許多長大成人的女性身上，發現一個共通的特點。那就是無論面對什麼樣的痛苦或考驗，她們都想知道自己不是孤單一人。她們要的不是實際的解決方案，而是希望在自己最困難的時刻，身旁有個默默理解自己的「母親」。

只要內心被個人問題所占據，或被自己的匱乏與創傷束縛，就無法將我們珍惜的人放進心裡。母親只需要讀懂孩子的心情，就足夠了。**每個女兒對母親的期盼，就是完全相信自己，並且和自己一起堅持到底。**只要母親能做到這點，那麼女兒接下來就有足夠的力量重新站起來。

母親的不安
未曾消失的原因

> 母親情緒上的不安，
> 孩子憑感覺就能立刻發現。

對女性而言，不安猶如影子般如影隨形，似乎沒有停止的一天。不安的想法也像火焰，一旦點著，瞬間立刻燃燒，火苗不斷蔓延至其他地方。不安可能以任何想法、任何形式出現，而我們只能不停判斷、評估這個想法，賦予這個想法價值，有時也會因為這個想法而感到自責。在此過程中，各種情緒都可能受到這個想法的牽動。

當想法與情緒結合在一起，沒能找到出口進而宣洩時，或自己再也控制不了時，身體必定會出現某種反應。換言之，不安會引發身體各種症狀或不適。

當我們心中難以控制的情緒，藉由身體的症狀向外宣洩時，精神上的不安將暫時獲得平息。

如果是透過身體而緩解自己的精神狀態，還算慶幸；問題是有些母親企圖透過孩子的身體症狀，來緩解自己的不安與罪惡感。這句話乍聽之下可能無法理解，不過，同樣孩子（尤其是女兒）與母親在身體和心理上的連結極其緊密，所以許多時候，孩子反而比母親自己更早察覺母親的狀態。

佛洛伊德說，身體症狀也是一種語言。所以當我們身體和孩子身體發出聲音時，必須用心傾聽。身體出現症狀，當務之急就是去醫院接受診斷，對症狀進行處理，若只靠身體治療與藥物處方，還不能完全放心的話，必須傾聽這個症狀發出的聲音。

曾經有個女孩經常被母親嘲笑長得難看，幾年後出現顏面麻痺的症狀，連續幾年都得承受治療的辛苦。我們的話語、身體與精神狀態，竟能達到如此驚人的同步反應。當然，這可能只是母親的玩笑話，但我們不知道年幼的孩子當下是如何接受這個訊息。如果這些話語引起孩子的羞恥心與自卑感，那麼，這個情緒就可能埋藏在孩子的內心深處，並且足以引發各種症狀。

母親的不安留下證據

小婷在懷孕期間深受巨大的壓力困擾。她對於自己沒能處理好壓力深感自責，而在孩子出生後，也總是生活在不安之中，擔心孩子會不會有個三長兩短。早產兒經常有胎毒等皮膚炎的症狀，而小婷卻總擔心是不是自己害孩子得到過敏。在孩子滿週歲前，小婷經常帶著孩子四處看皮膚科、小兒科等門診，問了醫生原因，醫生也說是季節性濕疹或新生兒的皮膚炎，不是過敏。儘管如此，她仍不肯輕易相信醫生的診斷。

「你知道我受了多大的壓力嗎？不可能的。如果是過敏該怎麼辦？」

不論醫生再怎麼否定，小婷的不安也無法平息。一年多來輾轉各家醫院，最後在某間醫院證實為過敏，才肯罷休。據說那時小婷的丈夫說了一句話：

「讓孩子得到過敏你才甘心嗎？真是的！」

接下來的事情更令人驚訝。在孩子證實為過敏後，小婷的心情竟感到無比輕鬆。

之前許多醫生說不是過敏時，小婷都以「不可能」回應，而在聽到某位醫生說孩子可能是過敏時，她的不安感立刻消失。可說是小婷的不安凌駕了專家的判斷。

「我就知道。果然是這樣。既然醫生都這樣診斷了，接下來只要拿醫院開的軟膏和乳液來塗就可以了吧！」

之後過了一段時間，孩子的過敏症狀消失得無影無蹤。原因之一也在於看過醫生後，小婷便不再關注孩子的皮膚問題。

從小婷試圖透過孩子的症狀紓解不安與罪惡感的案例來看，不難發現我們內在與潛意識的執拗。小婷由於懷孕期間壓力極大，沒能養好胎兒，產後非常擔心孩子會不會出什麼問題，直到醫生診斷是過敏的症狀，才放下心中的大石。這是因為母親將自身的不安，投射在孩子的身體症狀，一切皆由母親的不安而起。

如果孕婦只往好的方向想，當然是最好的，問題是事事豈能盡如人意？職場媽媽有職場媽媽必須承受的壓力，而即使是全職媽媽，在各種複雜的關係中，不可能只往

好的方向想。母親之於孩子雖然是絕對的存在，但若因此認為「孩子的一切都是我給的」，則是非常危險的想法。小婷的壓力儘管與婆家有關，她也對自己因為壓力而沒有養好胎兒感到自責，不過經過深入分析後，嚴格來說，是小婷利用孩子過敏的症狀，為自己對婆家的憤怒宣洩不滿。

罪惡感也可能帶來負面影響。小婷的罪惡感不僅僅源於懷孕期間所承受的壓力，身為母親的女性，有時會從根本上懷疑自己，對自己產生莫名其妙的罪惡感或羞恥心。而這些存在於我們體內，卻沒有意識到的最根本的不安，正透過身體的各種症狀表現出來，而這些情緒，有時也會透過照顧孩子的行為來抵消。

如果孩子各種毛病從不間斷，母親就必須特別留意。因為母親可能藉由忙著治療孩子的身體症狀，來逃避自己心理上的不安。**如果母親沒有認清自己內心不安的樣貌，孩子可能就必須永遠與這些身體症狀為伍。**

由不安串聯起的母女

在育兒初期階段，有些孩子在與母親分離時，表現出極度強烈的不安。這種症狀稱為「分離焦慮」。一般認為孩子無法接受與母親的分離，不過，如果母親在將孩子送到托兒所或幼稚園時，自己並未感到不安，那麼，孩子反倒容易適應；如果母親認為「我的孩子不能沒有媽媽陪」，在這種情況下，比起孩子的不安，更應該優先檢視母親內心是否存在某種不安。

即使母親心中的不安沒有表現出來，但情緒上的不安，孩子憑感覺就能立刻發現。此時母親心中作用的不安，也可以擴大解釋為女性的不安。這個不安與其說是母親想抓住對孩子的愛戀，不如說是母親身為一名女性，從幼兒期、兒童期乃至於今日所經歷的各種失去與焦慮。

女性戀愛時最容易產生的不安，是「擔心我所愛的人離開我」，這並不是伴侶實際造成的不安，更可能是來自於女性內心深處最根本存在的匱乏。即使結婚之後，進入了家庭這個相對穩定的框架內，女性的不安也無法得到解決，甚至會以孩子的分離

焦慮等現象重新出現。

　　孩子與母親分離的過程儘管困難重重，多數孩子仍必須適應。但是，如果有孩子特別不想和媽媽分開，而為此哭鬧不止，那麼有個問題務必優先檢討，就是母親自己內在的不安。我曾經聽一位老師說過，國小低年級的女孩在學校經常擔心媽媽。媽媽擔心孩子，孩子也擔心媽媽。母親和孩子由不安而建立起緊密的關係，並且努力維持著對彼此的依戀，而形影不離。

身體症狀也是一種語言。所以當我們身體和孩子身體發出聲音時，必須用心傾聽。

不曾被愛過，
也能愛人

「

孩子不惜放棄自己，
也要找一個安全的保護人。

」

發生在孩子身上的問題，不能全部怪罪於母親。儘管如此，母親仍是孩子的全部。

如果母親付出努力想成為好母親，只是為了營造出「好母親的形象」，而不是為了和孩子建立真正良好的關係，那麼，親子關係終將會被「好母親的形象」摧毀。因為孩子需要的不是好母親，而是專屬於自己的母親。母親經常對於沒扮演好孩子的母親這個角色而感到自責，卻又會在某個時候強迫自己努力扮演好這個角色。

有個問題需要謹慎處理，那就是為了自己的努力究竟是為了「建立自以為的好母親形象，還是真正想和孩子達到情緒上的溝通」。不論母親的人品再怎麼完美，再怎麼願意為所有人犧牲奉獻，

只要孩子感受不到和母親獨特的聯繫，母親在孩子的心中就等於缺席。缺乏和母親實質接觸的經驗，將使孩子內心感到空虛，只能不斷轉而追求其他目標。

對孩子而言，母親是照耀自己唯一的光，是絕對的存在。孩子想知道母親的焦點所在，並且讓自己停留在這個焦點上。尤其女兒更常追隨母親的目光，因此有時討厭父親，有時害怕父親，也有時深愛父親。換言之，孩子透過母親的目光去認識世界，看見形形色色的人。

為了得到母親的愛而放棄自己

有些母親對待兒子，可以用「因為是男孩」而給予體諒；然而，當同樣的問題發生在女兒身上時，卻提出極其苛刻的要求。例如，女兒若有一點粗魯無禮，母親就會立刻表現出無法置信的態度；或是平時總是想方設法，讓女兒知道自己為她付出了多少努力。這樣的母親，只是以愛為藉口濫用權力。她們甚至在無形之中告訴孩子，如

果不肯服從擁有權力的人，以後有可能被淘汰，在孩子心中埋下不安的種子。

當我們談到母親和孩子形成穩定的依戀關係，意思是孩子相信，無論自己做了什麼，母親都不會因此逃避或排斥自己。然而，一旦這個信任開始動搖，孩子的內心就會被恐懼占據，並且為了贏得母親的關愛而變得百依百順。如果母親此時無法同理孩子的狀態，並給予保護，孩子最終將會為這段不穩定的關係付出代價。

孩子雖然在生活上處處仰賴母親，不過，當母親愛護他們、保護他們的力量足夠強大，並且願意成為他們的後盾時，孩子們就能做好面對各種困難的準備。在這個世界上，有太多為了得到關愛而不惜犧牲自己，甚至連自己已經滿身傷痕都不知的女性，而在這些女性的內心深處，都有自己母親的影子。

有些人即使長大成人，行為仍然不成熟，只要有人信賴自己，便一副願意為對方赴湯蹈火、在所不惜的樣子。也有女性跟異性交往時，甚至奮不顧身地為對方犧牲、糾纏對方，到了令人匪夷所思的程度。這是她們渴望得到某人絕對保護的訊息；反過

來說，也暗示著本該給予她們最多關愛與保護的父母，尤其是母親，從未給予她們心理上或生理上的保護。

人們之所以沉迷於宗教，也是相同的原因。所謂宗教，就是永遠保護我、愛護我的神所在的地方。德國心理學家史蒂芬妮・史塔爾（Stefanie Stahl）解釋，有這種問題的人，「甚至不惜犧牲自己部分的主體性去迎合對方」。尤其是孩子，他們不惜放棄自己，也要找一個安全的保護人。因為對孩子而言，安全的保護就等於被愛。可惜的是，儘管他們為了被愛而放棄自己，這個犧牲最終並不能換來他們所期待的。

用愛保障母親的安全

在父親對母親施暴（言語暴力或肢體暴力）時，出面阻擋父親、保護母親的女兒，有時不是對父母讓自己陷入恐慌感到憤怒，而是對自己沒能保護好母親的脆弱感到自責。而這些人未來也可能會變得與男性過度競爭，或是試圖控制、壓抑男性。兒

時對父親的恐懼，在長大成人後，可能演變為敵視男性、對男性高度警戒，或是在與男性的競爭中爭強好勝的態度。

當孩子從原本「受到保護等於被愛」的想法，轉變為「父母需要我的保護」時，孩子對這個世界或他人的信賴將徹底消失。對孩子而言，有個和關愛需求同等重要的東西，那就是「安全需求」。我們看似只在追求關愛，但因為不穩定的關係而面臨的衝突與痛苦卻也不少。

我們不可能像馬斯洛（Abraham Maslow）的需求層次理論（Need-hierarchy Theory）＊那樣，依序向上實現每一個階段＊即使沒能完成某個階段的課題，仍必須帶著缺憾與不圓滿向上成長。所以，多數時候人們因為安全需求沒有獲得滿足，而無法盡情去愛他人、去過自由自在的生活。

人們總以為安全感必須是他人為我們建立的無形屏障。然而，需要這道屏障的，

＊ 註：馬斯洛於一九五四年將人類的需求由低至高層次區分為五個階段，依序為生理需求、安全需求、社會需求、自尊需求、自我實現需求。

是兒時的自己。如今我們不再需要由丈夫或孩子為我們建立屏障，自己就是這道屏障。儘管如此，有些母親依舊渴望他人建立的屏障。明明有能力成為他人的依靠，卻依舊放棄不了對愛的渴望，代表這些人內心依然存在著未被治癒的創傷。這些錯綜複雜的不安，不斷帶來傷痛與掙扎。「什麼時候才能不被冷漠，又該怎麼做才好？」、「有沒有辦法永遠受到呵護？」這些不安化作痛苦，占據了生命，使我們放不下。為了確保安全的關係，有個令我們不惜承受痛苦也不願放棄的東西，就是「愛」。

當孩子從原本「受到保護等於被愛」的想法，轉變為「父母需要我的保護」時，孩子對這個世界或他人的信賴將徹底消失。

Chapter 5

父親扮演好父親，
母親扮演好母親

—— 關於母親的伴侶

妻子的態度，
丈夫的態度

> 真正重要的，
> 是丈夫在情緒上願意努力理解妻子，
> 以及妻子能夠體諒丈夫的努力。

電影《82年生的金智英》上映時曾引起廣大的迴響。當時雖然生活十分忙碌，但我心中仍有非看這部電影不可的使命感。看這部電影時，我並沒有像大眾評論所說的淚流不止，反倒是看著一幕幕鉅細靡遺刻劃著女性現實生活的場景，情緒逐漸平靜下來。

電影將我帶回十多年前，剛生下孩子的時期，三年之間專心照顧著孩子，那是一段各種情感和思緒交錯的歲月。還記得生產後，我大約有整整一個星期每天以淚洗面。或許有人會下最簡單的判斷，認定這就是產後憂鬱症；但在心理諮商的過程中，我才發現這些眼淚的意義既不是產後憂鬱，也不是荷爾蒙作祟。當時，我看著眼前脆弱的小生命，一方面感到喜悅，一方面又悲傷

無比，各種錯綜複雜的情緒紛紛浮現，只能不停地哭。有時又陷入整個人像是完全喪失動力般的無力和空虛之中，如同電影中的金智英，時常呆呆地望向窗外。

這部電影的主軸不在於敘述兩性間的問題，而是聚焦在一個人內在隱密的痛苦與矛盾。生產後的女性，無論對自己還是他人而言，意義上都必須主動付出自己的一切。尤其孩子出生後的兩到三年時間，更是母親必須完全放下自己，將自己奉獻給孩子的時期。

對母親的身體與精神資源予取予求，是孩子理所當然的權利。即便如此，女性在這段期間，身為母親所經歷的心理孤立、失去感、無力感等情緒中，確實存在著更深層、更複雜的問題，這些問題無法用荷爾蒙作崇或產後憂鬱症一概而論。電影中金智英類似被附身的症狀，就是想利用這個症狀說出過去想說卻被壓抑的話、自己的想法，甚至是不敢對婆婆說出的話。這是一部深刻描繪個人細膩情感與狀態的電影。

妻子與丈夫真正的需求

一整天等著丈夫下班的妻子，難道只是因為照顧孩子太辛苦，才急著把棒子交給丈夫的程度嗎？事實並非如此。妻子的想法不僅僅是「我已經付出了這麼多，你也該做到同樣的程度」、「這不是我一個人的孩子，而是我們的孩子」、「不是你幫我，是我們一起照顧」。就算妻子真的這麼說，多數時候也不知道自己真正要的是什麼，只是隨口說出這些話。

她們所期望的，並非是男性和女性共同分擔家事。因為在這段最無助的時刻，能夠與她們持續溝通、幫助她們脫離孤立感的對象，就只有身旁最親近的丈夫。然而，正因為丈夫無法滿足她們的需求，所以許多女性在這段時間只能高度依賴著婆婆。

丈夫拖著工作一天疲憊的身軀回家，還得面對整天等待自己的妻子和孩子，雙方的生活一樣令人窒息。最重要的是夫妻彼此對於這種身為父母不得不面對的處境，有多麼深刻的體悟，以及雙方是否都有「積極的戰友精神」。在電影中，孔劉是非常貼心、珍惜妻子的男性，金智英身為孔劉的妻子，算是運氣好的。在現實生活中，反而

192

有許多男性在婆媳的戰爭中，選擇疏遠妻子或躲在背後默不吭聲。前來尋求婚姻諮商的丈夫夫裡，也有不少人不願正視妻子的抱怨與辛勞，甚至告訴妻子：「那妳出去賺錢，孩子我來照顧。」

就像「誰照顧孩子更多」的問題一樣，重點並不在於實質的工作分擔。真正重要的，是丈夫在情緒上努力理解辛苦照顧孩子的妻子，以及妻子體諒整天被工作壓得喘不過氣，回家後仍盡可能努力照顧孩子的丈夫。

還記得當年我結束十多年的修道院生活，在所有人的反對下，踏進婚姻，並且在夫妻倆攻讀學位期間生下孩子，過著忙於照顧孩子的婚姻生活。某天，丈夫和同學參加完聚會，順道去棒球場，直到凌晨才回家。那天我從早就被無力感和孤立感包圍，特別難受，因為等丈夫回家等到累了，便和孩子一起沉沉睡去。直到丈夫回家時，我說了句：「今天等你等得好累。」又抱著孩子繼續躺下。

豈料原本低頭看著孩子和我的丈夫，竟然哭了起來。他輕輕撫摸著我的頭，說一

想到妻子整天眼神空洞地抱著孩子，等待自己回家，就覺得羞愧得無地自容，感到非常抱歉。當時，不只丈夫哭了，轉身躺下的我也跟著哭了，心裡想著：「過去丈夫和我面對各種困難，都能順利克服，如今為了照顧這個小小的生命，卻過得這麼辛苦！」一想到未來還要繼續照顧這個小傢伙，心中只有茫然和恐懼。」

通常留在人們記憶中的，不是「某人有多照顧我，願意和我一起犧牲」，而是「某人有多努力試著理解我的痛苦和無力感」。儘管在此之後，我仍不時會與丈夫發生衝突，但因為我相信丈夫當時的輕撫與真誠的淚水，所以能與丈夫並肩走下去。當然，丈夫那時候尚在酒醉狀態，也可能是因為自己感到委屈而痛哭吧！

懷疑與混亂將我們引向新的人生

產後兩到三年間，是女性心理上最孤立、最憂鬱的時期。一般認為女性生下孩子後，面對孩子心中只有滿滿的感謝與祝福，期盼孩子幸福長大，然而，如此完美的形

194

象不過是社會建構出的幻想。在父權社會中，並非只有女性深受其害；而是女性與男性之間的心理構造天生不同，而這樣的不同遇上亞洲國家獨特的傳統氛圍，而產生了不少受害者。

對產後懷疑自己罹患憂鬱症的女性，說這一切都是荷爾蒙作祟，只要吃藥就能輕鬆改善症狀，應該是最不負責任的一句話。母親一天二十四小時，沒有一分一秒能好好打理自己，必須全心全意地照顧另一個小生命，她們在精神或肉體上必定承受著難以形容的窒息感，即便是自己最寶貝的孩子也一樣。事實上，來到諮商室的許多母親，都是因為感到自我迷思、莫名的恐懼和不安。

這個社會將母性視為女性生而為人的必要條件，把「女人就該……」的各種義務強加在女性的形象上，並且利用這些形象排斥個人。男性也是如此。試想男性背負著多少「男人就應該……」的形象和社會期待，又有多少男性因此沒有意識到自己正被掏空，依舊繼續出賣靈魂給公司？甚至不知道自己已經感到憂鬱，只是沉迷於遊戲和棒球轉播。

無論是男性還是女性，一旦被某個人排擠，或者不被某個形象所接受，當事人終究逃不了淪為弱者、受害者的命運。為什麼我們從未懷疑「女性、母親應該要這樣」、「男性、父親應該要那樣」的許多設定？我們不應該試著懷疑某人賦予我的角色、社會建構的形象，並對此感到困惑嗎？當我們急著迎合這些角色和形象，內心卻依然感到混亂、矛盾時，不該好好想想究竟那是否是我所要的嗎？別人對我的要求，也是我自己真正的渴望嗎？

懷疑與困惑引領我們探尋新的人生。在矛盾與空虛中，深刻的質疑將會帶領我們走向能真正做自己的地方。

丈夫的缺點，
如何成為刺向女兒的匕首？

> 「母親對丈夫的抱怨、悔恨與不滿，
> 之於女兒的影響力更勝於兒子。」

你以為的父親形象是什麼樣子的呢？你所熟知的父親是自己的父親，還是母親的丈夫？

母親的話語、態度和非語言的訊息，有時會阻斷父親與女兒的關係，將女兒心中的父親抹去。許多女兒記憶中的父親，並非自己的父親，而是母親的丈夫。不少女性在諮商室中，可以笑著訴說自己過得多辛苦，然而，一提到母親便淚水直流。因為想到母親就覺得她的人生多災多難，對母親萬般同情，一時哽咽而說不出話。

我曾經聽過一個有趣的故事。從前有一對父子，從兒子年幼時，父子倆便互看不順眼，整天爭吵不停。在兒子邁入三十歲的某天，父親和母親之間發生了嚴重的口角，隨後母親離家出走一

個星期。起初，單獨留在家中的父子倆非常尷尬，後來因為不得已一起吃飯，兩人便逐漸聊了起來。兒子第一次得知父親過去說不出口的煩惱，也理解了父親；父親也知道了兒子過去的辛苦。雖然不像戲劇般的大團圓，但至少是一次了解彼此的機會。多虧母親的短暫離開，意外化解了父子間的矛盾。之後，每當父親和母親爭吵時，兒子總會向後退後一步。與之前總是站在母親這邊，只為母親著想的行為模式完全不同。

「調解人」母親的違規

　這則故事不只在某個特定的家庭中上演，而是在我們生活周遭經常可以看見。在父權至上的東方家庭中，母親在父親與孩子之間經常扮演著調解的角色。我小時候也不習慣對父親有話直說，通常都是先告訴母親，母親告訴父親後，再將父親的意見轉達給我。

　而父執輩也不知道該如何和子女維持良好關係，所以選擇了最簡單的方式。他們

藉由妻子傳話，間接與孩子建立關係，有時出現較複雜的問題時，則讓孩子直接對母親說，不動聲色地將問題拋出來。母親此時別急著站出來為父親和孩子調解，應當退出這樣的角色，讓他們有面對面解決衝突的能力。無論是負面還是正面的問題，都不應該透過母親傳話間接與父親接觸，而應該由雙方自行面對。

有趣的是，當孩子與父親建立關係，維持良好的溝通管道時，有些母親卻會隱隱感到不滿。這是她們潛意識擔心自己在家中的地位會因此而受到動搖，擔心自己在父子之間的存在感會削弱。當母親對丈夫的不滿較為強烈時，問題會更加嚴重。因為母親的話語、行為和目光等，都會為孩子帶來最直接的影響。

女兒經常會選擇和父親同類型的男人結婚，換言之，女兒選擇了母親心中理想的男人成為自己的丈夫。在心理諮商的過程中，總能發現有些男性可能不是妻子理想的丈夫，卻是個不錯的父親。儘管母親與父親的問題必須由當事人來解決，仍有許多女兒將這個問題當成自己的問題。奇怪的是，在這個情況下，兒子不是完全站在母親那邊，就是被完全排除在外，這也是由母親的態度所決定的。

母親是孩子第一個接觸的對象，也是無法撼動的對象。無論是好母親，還是壞母親，都沒有例外。母親對丈夫的不滿，不僅僅將女兒心中父親的位置抹去，最終也介入了女兒未來與男性的關係。母親較常對女兒吐露對丈夫的抱怨與悔恨，而非兒子，原因何在？這當然是因為女兒比兒子更願意站在母親這邊。

「原來妳都站在爸爸那邊！」

有些母親覺得自己一輩子只有犧牲，不禁對自己的人生感到悲哀，並轉而對女兒發出永無止盡的牢騷：「天下的男人都一樣，沒有哪個男人的話可以相信。」已經長大成人的女兒，即使遇見真正優質的男人，過著幸福的生活，也會因為這番話而開始產生懷疑，並且在自己另一半身上尋找可疑的證據。當她們正和男友或丈夫度過愜意的時光時，也無法享受其中，而是不斷懷疑著：「他會不會也有問題？」只要發現一點點不合理的徵兆，心中便立刻出現這樣的想法：「果然是那樣的嗎？這個男人也是？」最後甚至質問對方：「我就知道，你也一樣！」

面對這個狀況，不能只用一句「母親的話語塑造了女兒內在的信仰」草草帶過。

因為母親的話，猶如暗示著女兒無論遇見什麼樣的男人，都不應該幸福。

「原來妳都站在爸爸那邊！妳只知道妳自己！」

當女兒不再對母親敞開心房時，便能經常聽見母親這麼說。她們無論與母親對話或爭吵，最後都只有滿滿的無力感和窒息感。母親的結論似乎都是如此：「既然妳站在爸爸那邊，就不可能和媽媽同一隊了；既然妳不能體諒媽媽，那就是壞女兒。」母親這種溝通模式，無異於認定女兒再也毫無用處，強行結束雙方的矛盾。

為什麼就不能站在爸爸那邊？從女兒的立場來看，父親和母親都是和自己骨肉相連的人；然而在現實生活中，父母卻總是任意要求子女選邊站。正如前面案例所見，不顧選邊站對孩子造成何種影響的母親，仔細分析她們所說的話，不難發現她們心裡只有自己。一句「原來妳都站在爸爸那邊」，不但讓女兒動彈不得，也將自己放在弱者、受害人的位置上。

孩子既無法站在父親那邊，也無法站在母親那邊，然而真正的問題在於，夫妻間的爭吵或矛盾總是犧牲孩子，讓孩子非得選邊站。無論是唆使孩子改變丈夫的妻子，還是將扮演妻子情感支柱的角色轉嫁到女兒身上、再悄悄抽離的丈夫，都是一樣的。

將女兒當作情緒垃圾桶，不停傾倒丈夫缺點的母親，其實不只是讓女兒接受情緒而已，更可能讓女兒日後在與男性建立正常關係時，困難重重。雖然沒有必要在孩子面前美化父親，但如果母親非得把孩子心中父親的角色抹去，或是將父親塑造成加害者、壞人的形象，那麼，因此受到最大傷害，並得為此付出代價的人，將不是丈夫，而是孩子。

母親隱藏話語的暗示

「都是因為你，我才沒辦法和你爸爸離婚。」相信不少人從小聽著母親這句話長大。母親們是否曾試著了解這句話有多大的殺傷力？在子女耳中，這句話的意思不僅

是：「媽媽為你們犧牲，所以你們不可以像爸爸一樣讓我難過，要對我更好。」也隱含了：「如果你們敢對我不好，總有一天我會離婚，丟下你們，你們自己看著辦。」的訊息。**孩子們擔心自己不小心犯了錯，可能會害爸爸、媽媽離婚，只好時時刻刻對母親察言觀色，努力不離開母親的視線。**

身為母親，必須仔細檢視與反省自己所說的話。在這些話語之中，隱藏著渴望與需求，也隱藏著期待與慾望。如果我們正過著相對正常的生活，代表我們順利從沒有語言的幼兒期、只有身體與感受的世界，進入了語言的世界；如果精神狀態依舊停留在語言啟蒙前的世界，將會引發精神分裂等各種心理症狀。

順利進入語言的世界，也代表我們受到語言絕對的控制。語言與人類的身體、精神，終究無法分開來談。其中對孩子具有絕對影響力的，正是「母親的話語」，以及隱藏在話語中有意或無意的含意。

從孩子的發育階段來看，在經過母子緊密相連的嬰兒期後，語言開始進入孩子的

腦中，之後在語言的箝制下，孩子的潛意識逐漸形成。對孩子而言，「絕對者」母親所說的話，不僅在孩子的意識淺層形成某種信念，甚至也連帶著影響到意識的底層，激起未知的暗示與衝動。

語言與人類的身體、精神，終究無法分開來談。其中對孩子具有絕對影響力的，正是『母親的話語』。

填補父親空缺的方法

> 如果母親沒有象徵性地
> 對失去丈夫表現悲傷，
> 子女將代替母親扛起追悼父親的責任。

一名患有恐懼症（phobia）的女性患者，夜晚關燈後無法入睡。據說她雖然已經年屆四十，但一個人關燈睡覺時，總覺得會有鬼出現，長久以來深受這種恐懼困擾。對她而言，鬼是什麼樣的存在呢？

她所想像的鬼，可能與我們一般所熟知、想像的鬼不同。她心中自有一幅鬼的形象。或許有人會認為，她不過是害怕黑暗，但我們必須站在她個人的角度，去嘗試理解她為什麼一個人處在黑暗之中，會擔心鬼怪的出現，甚至到了無法停止想像的程度。除了恐懼症之外，她也一直生活在竊賊可能隨時侵入單身女子房間的恐懼中，因此導致身體大病小病不斷。

據說在她出生時，父親已經不在人世。她輾轉耳聞的父親，是世界上再也找不到第二個的渣男，生前幾乎不曾待在妻子身旁，留下四個年幼的孩子便撒手人寰。獨自扶養四個子女長大的母親，她的艱苦想必無法用言語形容。然而，母親的表現卻是如此泰然自若，想必是她身為人母的剛強，不願被生活的重擔給壓垮。

達里安·李德爾在《我們為什麼難過？》中說道：「如果母親沒有象徵性地對失去丈夫表現悲傷，子女將代替母親扛起追悼父親的責任。」換言之，母親不斷逃避丈夫缺席的事實，無形中，將這些情緒、悲傷和恐懼的重擔，自然地轉嫁給子女，尤其是與母親關係最親密的女兒身上。如果母親即使批評那樣的丈夫，也依然站穩立場，扮演好守護孩子心理的屏障，或許她就不會出現恐懼的症狀，甚至忘不了幽靈父親。

父親與邏各斯

對孩子而言，父親的地位與象徵性，能創造出一個擁有法律、秩序與限制的內在

屏障，而這無關父親是否真實存在。這道屏障除了控制之外，當然也發揮了安全與保護的功能。我們不妨用基督教所說的「邏各斯（Logos）」來理解父親的象徵性。基督教中的「邏各斯（Logos）」指的是「言說」，是引導人類恪守為人之道的許多準則。例如，法律與秩序、戒律與標準等。

當語言開始介入孩子的生活，也代表原本只懂得享受快樂的孩子，正式進入了不能再追求快樂與衝動的禁忌階段。在我們所有人的內在，都存在著邏各斯。榮格心理學所說的男性形象──阿尼瑪斯（animus），正是邏各斯。根據榮格的主張，女性內在也存有男性形象的邏各斯。

我們將神稱為「天父」，是指象徵意義下的邏各斯，而非生理男性。天父這個象徵性的存在，猶如提示法律與秩序、標準與道路的邏各斯。因此，即使父親並非真正存在，在母親的話語中，仍同樣隱含著父親的權威；反之，就算父親實際存在，但卻未能發揮父親的功能，子女也同樣會面臨父親的缺席。

恐懼的來源——缺席的父親

母親失去丈夫的痛苦，以及母親獨留在人間的恐懼與怨恨，有如鬼魅般纏著女兒，將她吞噬殆盡。儘管父親已經不在了，然而，透過母親所認識到的父親，卻是一個不惜拋棄妻小去見小三的負心漢。丈夫的背叛與缺席，帶給自己沉重的打擊，卻仍得咬牙苦撐，母親過去這樣的陰影完全籠罩著女兒的人生。於是女兒將自己與母親畫上等號，從此活在擔心得不到丈夫保護的恐懼、痛苦與匱乏之中。

對她而言，與母親的關係儘管也有怨恨，至少母女二人仍有接觸，然而，父親的位置卻留下了「可怕的空白」。她完全沒有意識到自己正藉由恐懼症，反覆證明父親的缺席，並對自己高呼需要父親的保護。換言之，她不是因為父親的缺席而引發恐懼症，而是試圖藉由恐懼症與父親產生連結。在有意識時，恐懼症使她備受折磨；而在潛意識當中，她卻無法輕易放棄恐懼症（父親）。

不過，並非所有恐懼症都能歸因於父親的缺席。在精神分析的觀點上，任何的「泛化（Generalization）」都不被認可。因為每個人的歷史猶如一串密碼，必須完

全理解該本人各自的特殊之處，才能解開這個密碼。

去精神科門診求助，也許能得到緩解恐懼症的藥物。但是站在心理分析的立場來看，藥物處方去除了她潛意識中想藉由症狀所留下的父親。重要的是，她透過這個症狀想表達的訊息，而非症狀本身。她必須在有意識時覺察自己需要父親，以及自己用盡任何方法都想找回父親、與父親在一起，才能避免日後繼續利用恐懼症。即使藥物成功緩解了症狀，想必她的父親依然會以其他方式出現吧！

透過身心症狀與父親同在的情況，在女性身上則有許多不同表現。例如，無法接受父親罹病去世的女兒，一頭埋入醫學資料中，長時間閱讀與日常生活沒有直接關連的醫學知識，簡直到了走火入魔、無法理解的程度；也有女兒在父親死後，打著要照顧母親的名義與外界斷絕聯繫，陪著母親一起守著父親曾經的位置而不肯離去；甚至有女兒將母親的存在當成空氣，在父親身旁扮演起妻子、女兒的角色，完全放棄自己的人生。

孩子渴望「值得信賴的大人」

反之，也有數不清的男性即使擁有社會地位與學識，卻在家庭中未能發揮身為「邏各斯的父親」的功能。儘管他們在社會上功成名就，或在經濟上達到無需羨慕他人的程度，然而作為父親，他們身上卻沒有孩子可以依賴的標準，也不足以提供孩子能遵守的規範，這是非常不幸的。

首爾佛教研究所大學諮商中心，幾年前曾針對首爾衿川區逃學、逃家的青少年實施援助計畫，我曾經從指導教授那裡輾轉得知計畫結果。據說，這些青少年共同的夢想，並非在經濟上變得富裕或過得幸福，而是「想要成為一個值得信賴的大人」。這個結果令人驚訝，也令人感到羞愧。專攻人類心理、研究精神分析的我，原本也認為學習能力低落與經濟弱勢的孩子，理所當然夢想著經濟上的富裕和安逸，但這僅僅是我的偏見。所有人類內在的需求與省思是如此超乎想像，無論在任何狀況或脈絡下都是如此。

前面提過，「身為邏各斯的父親」並不是指性別上的男性。如果生理男性在家庭中無法扮演好這個功能，孩子將在成長過程中，對此懷抱著不滿、惋惜與責難。然而，這是母親也能勝任的工作。孩子們期盼在茫然而無所適從時，能有一位帶領自己一步步前進、不迷失方向的大人，亦即「邏各斯」。這個大人不必是多麼厲害、偉大的人，而是值得信賴、能真誠相待的大人。

如果母親能站穩立場，扮演好守護孩子心理的屏障，或許孩子就不會出現恐懼的症狀，甚至忘不了幽靈父親。

母親向後退，
父親向前進

> 要將父親放進母親與孩子的兩人關係
> 中，必須先有母親的主動邀請與退讓。

一位三十多歲的女性，夢見自己在一個晚上換掉了全身的血。在與個案探討夢境的過程中，我發現她的內心深處有個根深柢固的羞恥，而這個羞恥起源於父親。父親在象徵意義上是我們的根源，在社會意義上指的是身分。而這名個案儘管在社會上從事人人稱羨的專業工作，內在仍受到羞恥心的折磨，甚至想藉由夢境換掉自己體內流淌的所有血液，想徹底拔除自己的根。這是因為她渴望能有個為自己加分的父親，同時也對現實人生中的父親感到羞愧。

在她的心中，為何會存在著這種看不見的血統階級呢？這個現象只發生在她一個人身上嗎？儘管她至今比任何人都要努力，也對自己的生活感到相當滿意，然而，這個扎根於潛意識深處對

精良血統的慾望，卻無止盡地膨脹，並一再束縛著她。這可能是父母與社會形象造成的結果，而她也可能是父權社會下的犧牲者。

「天空之城」心理學

接下來，我想談談曾經在韓國引起話題的韓劇《天空之城（Sky Castle）》。劇中韓瑞珍（廉晶雅飾）的女兒姜藝瑞，雖然淪為母親慾望下的活祭品，卻也和母親形成緊密的共謀關係。她將母親的慾望視為自己的慾望，試圖以此實現自我。韓瑞珍用盡辦法「洗」身分，也要打造出無可挑剔的孩子。這對企圖透過完美的孩子來滿足自身匱乏、慾望的母親與女兒，毫不保留地展現出對血統的自滿與傲慢。韓瑞珍的慾望繼承自婆婆（鄭愛利飾）的慾望，與之緊密結合，又由女兒藝瑞所繼承，形成一脈相傳。在韓瑞珍的台詞中，有一句話我認為特別有意義：

「只有這樣，我的孩子至少還能過得跟我一樣！」

這裡「跟我一樣」的標準是什麼？這個標準正是他人的目光。但問題在於，她自己的人生被徹底冷落並充滿不安，與她在別人眼中高尚端莊的模樣大不相同。

此外，我曾讀過一篇針對這部韓劇所寫的報導。內容主要批評教育部眼見這齣連續劇如此熱門，卻依然無動於衷，有失職之嫌。雖然完全能理解記者的心情，但並非大聲疾呼改革，社會結構就會產生變化。制度和結構確實需要改進，但即使改變韓國社會的結構，不斷地調整制度，母親們的慾望仍然不會消失。如果不去發掘這些結構背後所流淌的人類慾望，並努力了解自己的慾望，那麼，再如何改革也無濟於事。母性中氣勢驚人的慾望，毫無疑問能穿透任何結構。個人和結構的問題就像莫比烏斯環一般緊密相關，無法分開來談。

母親和孩子難分難捨的關係

與父母們進行諮商時，經常聽見他們這麼說。

「我都是愛孩子才這樣做。」

「我才不是那麼極端的媽媽。」

「像我這樣的媽媽大概找不到了吧。跟別人的媽媽比起來，我……。」

她們是否想過，自己可能就是「別人家的媽媽」。劇中的韓瑞珍，反倒更真誠面對自己的慾望。如果像她一樣赤裸裸地表現自己的慾望，孩子的選擇會更簡單一些，要嘛接受那樣的母親，像藝瑞一樣跟母親站在同一陣線，要嘛走上完全不同的道路。

但是，許多母親內心分明有著無窮無盡的慾望，對外卻極力否認、自欺欺人。身為這種母親的孩子，必然經歷著內在的分裂。這不僅限於學習或課業方面，母親的慾望和孩子之間有著千絲萬縷的關聯。母親經常在潛意識中將自己的慾望投射在孩子身上，悄悄將責任丟給孩子。之後出了問題，母親總會這麼說：

「這不是你要的嗎？你之前說好的耶！」

事情若發展至此，孩子將徹底迷失方向。**身為母親，就算無法自我探索或誠實面**

對自己，至少也要懂得懷疑自己。

在母親與孩子如此緊密的兩人關係中，或者說在以母親的慾望為媒介徹底連結的親子關係中，《天空之城》劇中的父親（鄭俊鎬飾）被完全排除在外。在心理分析的過程中，這個現象是非常重要的線索。當父親完全無法介入母親和孩子緊密的兩人關係時，孩子將面臨各種精神上的混亂。換言之，劇中藝瑞展現的，不只是巨大的壓迫與壓力造成的怪異行為、不安及強迫症。當母親的慾望粗暴地吞噬孩子，並且失去自我控制的力量時，代價必定是賠上孩子精神上的症狀。

父親並不一定要實際陪在身旁，只要有象徵父親的聲音或角色介入，就能為母親與孩子的關係帶來平衡，孩子也能延續更健康的精神狀態。然而像藝瑞父親那樣，儘管真實存在，但在母親與孩子的關係中卻像個幽靈一般，在我們身邊可說是不計其數。也有不少父親認為，自己只要負起經濟上的責任，就算是盡了身為父親的義務。

然而，單憑父親的力量，是無法將自己放入母親與孩子的關係之；中，這必須先有母親的邀請與退讓。

尋找父親的定位

在許多家庭中，父親並未積極介入母親與孩子的關係，反倒是主動疏遠，甚至獨自享受這種井水不犯河水的清幽，偶爾想起，才突然追問孩子這段時間做了些什麼。

有些父親甚至也不管孩子，他不願與孩子、妻子建立對等的關係，只想躲入妻子的保護傘下。這些情況都會讓孩子面臨混亂，使他們不安。當孩子因為與母親關係過於緊密，而無法在心中保留父親的位置，或者被迫成為母親實現慾望的對象時，將會陷入想像中的恐懼，擔心自己是否會遭遇梅蘭妮‧克萊恩所說的：「被母親吞噬、撕咬。」

許久前我曾諮商一位女大生，她不斷夢見母親想殺害自己，有時是直接殺害，有時則以象徵的方式。每當此時，她總期盼父親能出面拯救自己，然而，父親不只無法保護自己，就是像幽靈一樣袖手旁觀。

第一次見面時，她看似處於精神分裂的邊緣。女大生的母親實際上是個不錯的母

親，只是母女間過於緊密，使她覺得母親帶給自己極大的壓迫感，甚至將母親與諮商師混為一談，誤以為我也有意攻擊她。她時常對諮商師發洩憤怒，前言不對後語，思緒混亂，認為全世界的人都在攻擊自己、折磨自己。心理諮商通常最多三年左右，而這位女大生的諮商卻長達了五年。聽說，後來雖然沒有完全復原，不過已經能適應職場，過著正常的生活了。

為了讓父親找到自己的定位，或者讓父親的聲音、名字找到屬於自己的位置，母親必須懂得適時退出；而要讓母親適時退出，最終仍得回到夫妻之間的關係。

原則上，我不認為夫妻一定得過著和睦相處的理想生活，現實生活中也確實如此。當有了小孩之後，就必須跳脫只有兩人的關係，檢視雙方正營造什麼樣的家庭，目前又處在什麼樣的階段。換言之，沒有必要為了孩子特地營造和諧的夫妻關係，否則，最終將只會想從孩子身上得到其他回報。

當然，夫妻生活在同一個屋簷下，又必須養育子女，至少彼此間應當抱著基本的

信賴、敞開對話的窗口。唯有如此，孩子才不必背負父母為維持關係而付出代價的責任。此外，夫妻間也應該懂得認清對彼此的需求，並判斷自己是否因此感到滿意或挫折，如此一來，才能避免將這樣的代價轉嫁到孩子身上。

為了讓父親找到自己的定位，或者讓父親的聲音、名字找到屬於自己的位置，母親必須懂得適時退出。

父親扮演好父親，
母親扮演好母親

「
所謂好的父母，
雖然給予子女充分的機會，
實際上卻是對子女無能為力的父母。
」

今日父親在家庭中的功能與地位，確實與過去頗為不同，不過，他們的態度依然沒有太大改變。有些丈夫只關心自己與妻子的關係，對妻子而言，有了孩子之後，情況肯定變得更為尷尬。

因為丈夫對妻子有所不滿或氣憤時，並不會直接在妻子面前表現出來，而是會迂迴地將情緒宣洩在孩子身上。表面上看來，夫妻間並沒有矛盾或不合，但孩子卻因此淪為父親的情緒垃圾桶，並因為找不到自己的定位而感到恐懼不安。

最受歡迎的父母，是像朋友般親近的父母。

許多女兒羨慕有那種父母的家庭，我雖然能理解，但並不認同。或許我們可以安慰這樣自己，原本在父權結構下受到壓抑的關係，如今總算可以走向更彈性、更自由的關係。而在這樣家庭下

長大的孩子，也可能被認為是受到更多關愛、更加幸福。這或許是像朋友一樣的雙親形象，所營造出的幸福感。

但是我認為，父親只要接受自己的地位，扮演好父親；母親只要接受自己的地位，扮演好母親，就是最理想的狀態。這裡指的並非權力者的地位，而是指能接受各自的地位不同，以及因不同地位所發揮的功能。在父母各司其職與合作之下，孩子將能一步步完成個人的設定，並且逐漸發展出屬於自己的形象。在每個人心中，都擁有渴望探索自我定位的衝動，重點是要能不受到父母的妨礙。

身體長大，內心卻還是孩子的父母

一個在兒時過度匱乏下成長的男性，婚後對孩子的需求有求必應，甚至超出孩子的需要。當事人也許知道那只是為了彌補自己過去的匱乏，而不當一回事。其實過度提供孩子超出需求的滿足，這種行為背後不只有父母想彌補自己的慾望，還隱藏著某

種潛意識的意圖。例如，想透過大量滿足的行為來贏得孩子的好感與喜好，以及想藉此與孩子建立良好的關係，暗中將未能滿足孩子需求的另一半排除在外。孩子此時並非獲得父母的好處，反倒是落入必須付出某些代價（亦即認同父親或母親）的處境中。

人類意識與潛意識的結構，由相當豐富的層次和複雜的慾望組成，也因此，用淺薄的知識判斷陌生人，或是草率的解釋誤判自己與他人，都是相當危險的。地位被調換的孩子該怎麼辦呢？只能逼自己長大。然而，喪失自我定位的孩子，究竟能在什麼地方重新找回自我？

長大成人的女兒，為了照顧好父母，通常沒有意識到當下過的並不是自己所要的生活。這其中包含著不少現實的原因與責任，例如，父母年事已大，或者自己沒有結婚的打算；又或者因為經濟上的原因與丈夫分居，必須將孩子交給娘家照顧，自己外出工作，才能給予父母金錢上的援助等。

在這些原因背後，隱藏著一股與父母有關的力量。父母的關係與態度對我們造成的影響，遠比我們所能察覺到的更深、更大。在這種環境下成長，自己真正渴望的東西、自己真正討厭的東西，都會變得模糊不清。每當此時，我們總會用各種藉口說服自己，停止這場混亂和矛盾。

於是，這些女兒長大成人後，依然耗費大量時間與精力扮演父母眼中的好女兒，結果卻和自己的孩子建立起姊妹或姊弟的關係，而非真正的母親。在許多與父母仍維持緊密關係的家長中，常能看見不少人依然停留在孩子的位置上。

換言之，他們在生理上已經結婚且為人父母，但心理上卻與自己子女站在相同的位置。部分在經濟上仍仰賴父母的成人子女，雖然享受了物質上的安逸，代價卻是成為父母精神上仰賴的對象。更嚴格來說，我們與父母依然維持共生的關係，然而我們的孩子為此付出的心理代價，可能是放棄自己原本的人生。

好的父母是無能的父母

與年輕人進行諮商時，有時也會見到他們的父母。然而，這些子女年紀超過二十歲的父母，態度卻與我和兒童諮商時遇見的父母相去不遠。與家長面談時，話中幾乎都是對子女過度的不安，或是站在父母立場上偏頗的想法與判斷，毫無例外。父母對於子女的狀況過度緊張，通常被當成是對子女的現狀或未來感到憂心，但本質上，其實是父母內在的焦慮。

如果父母心裡有著過多對子女的想像與理想，孩子將難以覺察自己該何去何從，又正往什麼方向去。簡單來說，好的父母雖然給予子女充分的機會，實際上，卻也是對子女而言無能的父母。「無能」在這裡說的並非現實生活中的無能，這些父母儘管自己過著精采的人生，也給予孩子無限的關愛和機會，態度卻是「我對你的人生無權干涉」，以無為的態度，讓孩子活得更加多采多姿。

但在現實生活中，卻有更多反面的例子。得不到獨立思考空間的孩子，日後不是繼續依賴父母，就是盡一切努力想討好父母。與其思考孩子的未來如何發展，該如何

預備孩子的未來，還不如將時間用在陪伴孩子，將會有更大的幫助。換言之，比起將自己的不安投射在對孩子未來的擔憂，不如反問自己：「我的人生和我的狀態都還好嗎？」才是更有效的。也許，不少父母會這麼說：

「誰不想那麼做呢？只是情況不允許我們忽視教育和社會的現實啊！」

真的是因為那樣嗎？我想再問一次，是真的了解現實情況，所以才這麼做嗎？是因為自己深刻經歷過教育與社會的現實，還是只想用大家聽起來都會認同的原因，來逃避面對自己真正的需求和慾望呢？

部分在經濟上仍仰賴父母的成人子女，雖然享受了物質上的安逸，代價卻是成為父母精神上仰賴的對象。

Chapter 6

跳脫母親的身分，
活出自我的方法

——關於母親的療癒

丟掉母親，
我才能活下去

「
不必裝作若無其事的樣子。
不順遂又如何？過得不好也沒關係。
」

在女兒進入青春期的那段時間，我發現自己經常看著女兒年幼時的照片，想再次感受她當時惹人憐愛的模樣。替孩子選購衣服時，也會不知不覺拿起比實際尺寸小一號的衣服，接著，才猛然驚覺：「唉，原來我正經歷著所謂的失落啊……」。

女兒成長的速度比同儕們快，隨著身體發育的成熟，也逐漸擺脫稚氣的模樣，原本臉上可愛、撒嬌的笑容逐漸消失，取而代之的是冷淡與漠然。種種跡象都在對我傳遞一個訊息：「我不再是小孩了。」而我卻沒有意識到這點，還不斷地從記憶中回想她兒時的模樣。這樣的行為，正是我在哀悼女兒的可愛無法倒帶的失落感。

人的一生，就是不停地經歷各種大大小小的失去。有哪些方法適合哀悼這些失落呢？面對即將失去的東西，父母總是採取防守的態度，而非坦然面對。

他們試著在精神方面與孩子建立更緊密的關係，或者與漸行漸遠的孩子製造衝突，例如，指責孩子：「你以前都不會這樣，為什麼現在變了一個人？」否定、批判孩子內在出現的各種變化，進而引起孩子的罪惡感。有些夫妻或家人會一邊回想孩子兒時的模樣，透過聊天，藉此追悼內在的失落；也有父母抱持著感恩的心，接受孩子逐漸長大成人的模樣。

之所以出現「媽寶病」、「公主病」這類詞彙，原因在於父母想繼續抓住孩子。這也是依存關係的另一種面貌。或許我們的一生，就是不斷經歷失去與哀悼的過程。適當地回味失去的東西，可以讓人生輕鬆一點、舒適一點。懂得失去，也是一種守護自我的方式。

利用「不給予」留住孩子——母親的慾望

有許多女兒在準備結婚時，盡可能不造成父母的負擔。她們自始至終不肯接受父母想為女兒張羅一切的心意，只想靠自己的力量。在這個態度下，其實隱藏著想把自己善盡本分的模樣表現給父母看，以藉此得到父母認同自己是好女兒。

她們想向父母證明：「我付出了這麼大的努力，靠自己的力量解決了問題。」此時，若女兒沒能從父母，特別是母親身上得到她所期待的愛意時，女兒心中又會出現另一股鬱悶與委屈。而這樣的情緒將轉移到婆家或婆婆身上，成為加深婆媳矛盾的催化劑。

女兒像這樣犧牲自己、處處讓步，幫忙母親的行為，是基於想被認可的渴望與匱乏，然而，女兒終究無法從母親身上得到，能令自己滿足的認可。這是因為多數女性有一種特性，會利用不完全滿足對方的欲望，來讓對方持續地關注自己。換句話說，母親不會毫無保留地給予女兒想要的認可，以此將女兒留在自己身邊。

人們常說：「生兒子不如生女兒。」從盡孝的角度來看，女兒比起兒子，會更仔細地照顧母親。然而，為何相對來說，得到母親較多關愛與支持的兒子，卻會不如女兒呢？難道只是因為兒子是男人，或是因為兒子在結婚後眼裡只有妻子嗎？這樣的行為模式，其實是錯綜複雜的，我們不能單純地用「家人之間的愛」來理解。這句話的意思，並不是要大家拋棄、忽視家人之間的愛，而是要大家真正地放下對方，領悟各自的人生該怎麼活，才能繼續走下去。

徹底失去，才能重新填滿

天主教的喪葬禮儀相當莊嚴。從教徒二十四小時輪流以唱頌的方式為亡者禱告，一直到最後的彌撒與入殮，整個過程由高度系統化的儀式所組成。這是一段生者送走亡者的追悼過程。

天主教徒為亡者唱誦的祈禱文，是呼喊已經逝去的聖人之名，請求他們為亡者祈

禱。「聖彌額爾，請為○○○祈禱吧！」這樣的呼喊，一方面代表著將亡者託付給聖人；一方面從託付的相反意義來看，也有象徵從今亡者與生者分道揚鑣的意思。這段分離與追悼的過程，目的在於送亡者前往該去的地方，也使生者回到正常生活的軌道，不讓亡者繼續影響活著的人。

傳統為期七天的喪禮，一般會在靈堂接待弔唁親友、唸經、入棺，以及進行送走亡者的出殯儀式。與其說這一切過程是為了亡者，不如說是為生者象徵性舉辦的活動，以此給予生者充裕的時間與亡者告別。經由象徵性的儀式，充分消化對死亡與失去的情緒後，它們將不再進入人們的內在，而成為牽掛。

不僅是真正的死亡，在日常生活中，我們也經歷著各種不同程度的失去。為了逃避這些實際喪失而引發的心理失落感，往往會導致身體出現各種症狀。人們常說：「分手後的空缺，要等遇見下一個人才能填補。」這句話我無法認同，因為這句話表現了「我不願意承認空虛、匱乏」的態度。和某人分手而感到痛苦，這是理所當然的現象。某個人曾經進入我們的內心，離開後留下了空缺，當冷風吹過，自然會感到寒

冷、悲傷。與其逃避這樣的痛苦，不如徹底經歷，才能看見不同於以往的自己。

過得不好也沒關係

為什麼不可以難過？我的孩子為什麼不能離開我？就連手指受傷到傷口癒合為止，都得忍受傷口的痛；同樣的，對於我們內心曾經歷的悲傷，如果能採取更坦然的態度面對，反而能極大化的降低失落的痛苦感受。經歷青春期後長大成人的子女，帶給父母的失落與孤獨，如果能在接納這些情緒之前，先將焦點轉向自己，正視自己內在浮現的空虛感，將更有機會讓自己過得比想像中的好。

在進行諮商時，我經常能看見個案努力表現出自己正在好轉的模樣。人類總在本能上想逃避不自在的感受，所以他們想盡快忘卻、擺脫負面情緒的行為，也是理所當然的。不過，這時我總會這麼說：

「不必裝作若無其事的樣子。有點不順遂又如何？過得不好也沒關係。」

「是呀！我太努力想要看起來沒事，反而看起來更不好了。唉，就算過得不好，也沒有關係對吧！」

接著他們的反應往往會是如此：

像這樣允許自己暫時處於失落的狀態，也很不錯。

適當地緬懷失去的東西，可以讓人生輕鬆一點、舒適一點。懂得失去，也是一種守護自我的方式。

如何讓母親的眼神
充滿關愛

> 別勉強孩子打開心扉，耐心等待自然
> 會開啟，只是父母經常錯過孩子敞開
> 心扉的時機。

有位女性每次坐在諮商室的椅子上，對話進行到一半時，總會忽然哽咽，哭個不停。當我問她為何哭泣時，多數時候她回答：「不知道，只要坐在這個位置，我就會想哭。」她說來諮商的路上也沒有特別的情緒，不知道為什麼坐在這裡就想哭。

為什麼呢？即使諮商師沒有特別的反應或回饋，她依然哭個不停，原因究竟是什麼？我想，原因或許在於「注視」。在家庭或社會中不斷被排擠的女性，她們有機會去感受別人對自己的重視嗎？我所做的，不過是全心全意地看著她們，陪在她們身邊。也許他人關注自己的目光，就能讓人們內心產生某種無形的觸動。

「三秒母親」的關愛方法

國中一年級的女兒經常這麼說：

「和媽媽相愛的感覺，只在我們見面時的前三秒而已。」

結束一天工作後，回家看見孩子，我總像每天一早見面時，開心又激動，急著跑上前去對她又親又抱。但是，接著便開始嘮叨拌嘴。所以我盡最大的努力，不和孩子太過親密，因為這樣除了可避免自己太累，又能好好愛著孩子。我非常喜歡站在若即若離的距離看著她。

女兒似乎也非常喜歡母親悄悄注視自己的目光，因為她知道母親的眼神裡充滿了關愛。透過母親的目光，她知道自己是非常惹人憐愛的孩子。從遠處看著孩子，必然是最完美的。然而，因為漂亮、可愛而忍不住靠近、伸手撫摸、輕捏孩子的臉龐，並與她開始對話後，母女倆的和平就結束了。

越是靠近女兒，越能看見女兒有數百種令自己不滿的地方，從生活習慣到個性都有。越是不滿意女兒，就越需要每天努力回想女兒的優點和可愛的感覺。所以在進家門前，我總會想著孩子可愛的臉頰和身上那麼清新的味道。這也是我每天不斷重複，又不斷遭受挫折的日常。

母親充滿關愛的注視，能使孩子確信自己是值得被愛的人，這是所有人類自信的根源。但是充滿愛的眼神無法勉強，所有人都能透過親身體驗了解到這個事實。若沒有與孩子在應該保持適當的心理與實際距離時，而太過親近，是絕對無法以愛的眼神注視孩子的。保持距離，是維持關愛的一種技巧。只要母親願意持續探索自己的不安與慾望，不停止思考，絕對能創造出這樣的距離。

保持愛的距離

不只是孩子的學習問題，我對孩子的私生活也一概不干涉。不是因為我自己有一

套教育哲學或信念，更不是因為我是心理專家，而是因為我太了解越是干涉孩子，就越難以控制自己的情緒。我也很清楚知道自己是個會因此失控，而把自己的慾望轉嫁到孩子身上，並且告訴孩子「這一切都是為你好」的母親。

如果能成為孩子眼中出色又穩重的母親，當然是最好的，不過若是辦不到，也不必刻意隱藏。不妨保持距離，在一旁關心孩子的學習與生活，偶爾在餐桌上和孩子聊日常的話題。但請忍住心中千萬個不滿，偶爾提起自己的經驗，進而提醒孩子就好，多數時候只需要從旁觀察。

不過，當孩子希望對話，或者希望母親接納自己的情緒時，請努力向孩子展現自己永遠開放與等待的態度。最常見的表達方式，當然是「嗯，說出來也沒關係。」、「說說看吧！說什麼都可以……」當孩子感受到母親願意接納真實的自己，是唯一不給予任何評論或判斷的人時，他們將帶著十足的信心，在安全感之下解決一切問題，找出自己的道路。只要母親相信孩子，以堅定沉穩的態度面對，孩子將能成長為善於處理傷痛的人，而不再是害怕受到傷害的人。

當然，也有一些孩子對母親的目光感到侷促不安。他人的注視雖然能讓人正視自我，進而穩定情緒，不過，對於內在有著強烈不安的人而言，卻可能帶來無以名狀的恐懼。尤其當孩子進入青春期、逐漸長大，祕密也隨之增加，自然而然會想逃離母親的目光。

問題是，這樣的分離感反倒是母親最難忍受的。因為母親喜歡孩子將一切都鉅細靡遺地告訴自己，並且安慰自己「沒有祕密的孩子才是好孩子」。然而，「沒有祕密」並非孩子想要的，而是母親自己的期望。

當孩子開始關上心扉、沉默不語，代表孩子想要從被父母支配的狀態中脫離，轉而使用自己的語言。此時最重要的，是父母願意接納這個過程的態度。不必勉強孩子打開深鎖的心扉，只要耐心等待，自然就會開啟，只是父母經常錯過孩子敞開心扉的時機。

缺乏穩定關愛的父母，將轉而向孩子索愛

置身於母親目光之外，就是從小被排除在母親關愛之外的孩子（無論是母親於暗中或公然排擠），長大成人後，必然轉向另一半索求關愛，甚至在結婚生子後，將此需求延續到孩子身上。他們所說的話，表面上看似是為人父母理所當然會講的，實際上，卻是向孩子過度索愛。例如，引導孩子說出：「我永遠不會離開爸爸、媽媽」，或是半開玩笑半認真地要求孩子：「以後長大了，也要像現在一樣愛爸爸、媽媽喔！」

父母們明知這種要求毫無意義，卻又無法自拔。像這樣原本該扮演給予關愛的角色，卻反過來向孩子要求關愛的父母，很可能就是在缺乏穩定關係的環境下長大。他們不容易與旁人建立親密的關係，也不輕易向人敞開心房或要求關愛。

反之，他們將子女視為不會拋棄自己或冷落自己的絕對弱者。所以，在其他人面前成熟穩重的他們，一旦站在子女面前，原本瑟縮在潛意識裡的匱乏小孩便立刻跳出

來，毫無限度地、明目張膽地向子女索求。孩子因無法拒絕父母，而被緊緊束縛著。

因為對孩子而言，父母是唯一能給予自己關愛的掌權者。

母親充滿關愛的注視，使孩子確信自己是值得被愛的人，這是所有人類自信的根源。

給予兒時母親渴望的東西

愛，是給予我所缺乏的東西。
過度給予他人自己過去渴望獲得的東西，
更可能累積憤怒與怨恨。

女兒有時會抱怨學校朋友的問題解決不了，或是對班上男同學粗魯的言行無可奈何而備感挫折。此時，我一定會認真與孩子對話。我會聆聽孩子感到不舒服的情緒直到深夜，和孩子一起探索她未能察覺到的個人情緒，或是告訴她小時候的媽媽遇到類似情況會如何處理，同理孩子目前遭遇的困境。

孩子如果知道母親也有過與自己類似的經驗，便可獲得安慰。像這樣和孩子促膝長談，孩子便能在不知不覺中冷靜下來。這樣的對話日後會不斷上演，多虧如此，女兒似乎從中逐漸找到了自信，知道自己承受壓力時，可以和媽媽聊天。然而，對母親而言，這個過程其實相當累人，有時甚至會忍不住想催促孩子。也會想責罵

孩子，問孩子：「同樣的問題究竟要到什麼時候才肯解決？」如果母親和孩子談話到一半，覺得厭倦或克制不了情緒時，不妨先停下來做些簡單的家事，再繼續對話也無妨。我女兒有時候也會這麼說：

「媽媽，我現在心情好很多了，如果明天又覺得很煩的話，該怎麼辦？」

此時，我一定會告訴她：「沒關係，媽媽永遠會像現在一樣聽妳訴苦，也會和妳一起聊聊。」

說完這句話後，我總能看見孩子逐漸沉靜、穩定的模樣，一方面感到慶幸與感恩，一方面內心深處也會突然羨慕起女兒。雖然這樣的想法很可笑，不過，我的心裡難免會這麼想：

「我自己的媽媽未曾這樣安慰過我，我也想要媽媽像這樣和我無話不談。我都沒有得到這樣的對待，總是一個人感受著孤單⋯⋯。」

為孩子付出的同時，又羨慕著孩子，這種複雜的情緒究竟代表什麼呢？如此羨慕

的心情，正是心中對與女兒年齡相近的兒時自我所發出的情緒。一方面認為為人母親理當負起保護子女的責任，另一方面又隱隱感到羨慕，這並非是身為一名母親對子女產生的情緒，而是兒時的自己所產生的憐惜。

如果你也是這樣，在滿足孩子的需求後，請獨自一人靜靜地為兒時的自我追悼，為她渴望與等待那樣的母親卻落空的心情悼念。「原來是這樣，所以我才會這麼痛苦。」輕聲對兒時的自己這麼說，並給予安慰與鼓勵。這也是自我覺醒的瞬間，認知到自己兒時對母親的期待原來是如此。孩子有時會從母親身上尋找安全感，然而，最重要的莫過於母親努力和自己一起挺過目前困境的態度，而這樣的態度能使他們感受到愛。也就是說，只解決孩子的壓力並非是最重要的。

認識兒時的自我匱乏

長大後的我們，經常將自己兒時渴望從母親身上聽到的話、得到的照顧，原原本

本地傾注在子女身上。從這樣的行為中，不難看出自己過去是因為得不到什麼而痛苦，以及自己真正渴求的事物。也正因為透過這樣的過程，我們才能獲得療癒。想給孩子自己兒時得不到且現在匱乏的東西，必須先清楚知道自己過去真正想要的是什麼，以及曾經渴望得到什麼。即使過去得不到而產生匱乏，只要具體明白自己所缺乏的，就能給予孩子。透過給予的過程，接受者與給予者（我）都能彼此得到療癒。

常聽到有些人說：「我就是沒人疼才這樣。」、「我就是受到太多傷害才這樣。」說自己不得人疼，或者受到太多傷害的說法，只是找藉口為自己脫罪罷了。他們宣稱自己得不到與學不會的，沒辦法給別人，甚至即使有能力給予，也不願意付出。聽起來，就像過去得不到滿足而依舊處於憤怒狀態的自我，在大聲呼喊著：「我自己都得不到了，你憑什麼向我要？」

拉岡說：「愛，是給我所沒有的東西。」所以那種「我自己都沒有了，叫我拿什麼給你？」的反應和抗拒，其實只是大人內在小孩所發出的呼喊。那個兒時自我因為沒有被徹底追悼，而被永遠停留在某個時間點。

這個由匱乏、挫折、孤獨與怨恨等情緒所組成的鬱結，依然停留在十年前、二十年前、三十年前最初的模樣，同時摧毀著現在的自己，阻礙我們未來的人生。兒時自我的呼喊之所以不斷出現，卻又沒有停止的一天，原因就在於我們沒有清楚了解自己的需求。因為不了解，所以才無法解套，只能不斷對家人或旁人提出不合理的要求。

問題是連自己都不清楚的要求，對方又怎麼會知道呢？

愛，究竟是為了誰？

有時父母會過度給予孩子關愛，藉此證明自己的地位或補償潛意識中的不安。其實給予他人自己過去所渴望的東西，不僅無法達到治癒效果，更可能累積憤怒與怨恨。這是因為他們不知道自己付出的行為究竟是為了誰，又是為了什麼而做。若以這種方式犧牲與付出真心，卻得不到同等的回報時，當事人將深感絕望，並因此憤怒不已。如果父母付出照顧的行為無法療癒自己，反倒只是消耗自己時，不妨稍微停下腳步，問問自己，付出照顧的行為背後，存在著什麼樣的期待與要求？又是否具有某些

潛意識中的意圖？

如果付出是為了眼前的那個人，而非源自於心理上的依賴，那麼，即使沒有得到對方同等的回報，也不必因此感到難過。但是，如果這個付出是向對方索取自己渴望獲得的；又或者這個照顧是想讓對方離不開自己的另一種手段，那麼，付出心力的我們，必然會深陷在挫折、絕望與悲傷的循環之中。更準確地說，這種付出是把對方當成鏡子，藉由為對方付出而回饋到自己身上。被我們當作鏡子的對方，並不會為此感激，反而會產生微妙的疏離感。甚至到最後，對方只會替自己喊冤：「我什麼時候要你那麼做了？不是你自願的嗎？」

最重要的莫過於母親努力和自己一起挺過目前困境的態度，而這樣的態度能使他們感受到愛。

跳脫女性的身分，
回到個人

「
最自我的風格，是最有女人味的。
」

與四十歲後半的辰艾進行諮商期間，發生了一件有趣的事。在開始諮商後一年多的某天，辰艾發來簡訊，說自己現在滿腦子覺得全世界的人都在騙她，讓她身心俱疲，需要立刻進行諮商。我把原本預定和辰艾見面的時間提前了幾天，趕緊安排見面。辰艾一坐到諮商室的椅子，便立刻打開話匣子。

原來上次諮商結束後，她正要從地下停車場開車出來，不幸發生了擦撞意外。由於後車門嚴重變形，保險公司和拖吊車也趕到現場處理，情況相當混亂。當天抵達現場的拖吊車司機還說：「這個狀況很嚴重。」保險公司業務員在看過現場後，解釋過失責任為八比二，收拾差不多便隨即離開。後來在與修車廠老闆聊天時，辰艾說

| 248

自己覺得有些委屈：「明明是對方來撞我的車，我還要付兩成的過失責任，太不公平了。」聽完後，老闆回答：「大概看妳是女生才這樣吧！」

後來車子送往更大的修車廠，在修理期間，男性肇事者與車廠老闆瞞著辰艾達成協議，降低修車預算，而這件事她是到了後來才知道。辰艾懷疑這些人想坑自己，心中的不安感越發強烈。她滿腦子想著：「第一間修車廠老闆說因為我是女生好欺負，他們應該也是這樣看我的吧？」於是在處理事故的過程中，她始終被「所有人都想騙我」的想法籠罩。一來，肇事者只和修車廠聯絡，想盡辦法要降低修車預算；二來，不理解受害的自己為何還得負擔兩成的責任。辰艾越想越委屈，開始出現奇怪的想法，認為世界上所有人都想欺騙自己，覺察到這樣的她，便趕緊連絡我。

聽完這一連串的事件後，我和辰艾先將重點放在她過去的經驗，看看她在精神上或現實中是否曾受到壓迫，再回歸到這件事上。發現這次事件對她造成的實際傷害，幾乎是沒有。我們也發現她這次與過去不同，並沒有傻傻地被別人牽著走，而是步步為營，想確保自己的權利與應當受到的保護，也發現了辰艾主觀上的受害感，與現實

生活有著相當大的差距。原本我們正試著釐清實際狀況與她所感受到的現實之間的關聯，並慢慢向內在探索，然而，就在她談起一場夢境之後，一切開始變得不同。

對女人而言，何謂女人？

在夢中，一個類似木製珠寶盒的盒子中裝滿了蚯蚓，周圍有汙濁的積水。辰艾還想著，盒子兩旁雖然只有汙濁的淺水，不過只要有水，蚯蚓還是能活下來。不料隨著盒子的縫隙逐漸裂開，一隻兩隻蚯蚓爬了出來，而爬出來的蚯蚓瞬間變大，辰艾也因此從夢中驚醒。

聽著這個夢境，我開始對辰艾的性生活感到好奇。我懷疑在這個夢境中，隱含著非常直接的「性」的訊息。四十歲後半的辰艾已經將近一年，她說自己幾乎沒有性方面的需求，和丈夫也沒有再發生性關係。她平常忙著緊盯就讀高三的小女兒學習狀況和家中的大小事，人際交往也非常貧乏。於是，我和辰艾聊起她覺得自己特別有女

人味的地方，又問她是否曾發現過這件事。

女性本身的性慾，不是只表現在對性的渴望，而且女性抒發性慾的方式非常多元，但如果沒有特別表現出需求，她們的性能量是否會逐漸削弱而消失呢？不會的。

女性可以感受親密的管道相當廣泛，例如，一句溫柔的話、輕輕撫摸後背的手掌、溫暖的目光等。不過，也同樣容易因為各種原因而受挫。

在仔細分析完上次發生的擦撞意外，以及自己當下的狀態後，辰艾看見了那個單方面受害而不知所措，只能止步在原地的脆弱少女。當時那個被保險業務員等人包圍，恐懼而發抖的柔弱女子（也就是她自己），因修車廠老闆一句「因為是女生」，而喚醒了沉睡在辰艾心中身為女人的感覺。換言之，是身為女人的事實刺激了辰艾的感覺，使她當晚做了珠寶盒內滿是蚯蚓的夢。

當發現對話往非常有趣的方向發展後，我對辰艾這麼說：「所以您趕緊來找我，真是對了。這樣我們才有機會再去看看那個讓你重新感受到身為女人的現場啊！」

辰艾瞬間受到極大的衝擊，接著轉為極力贊同，她的情緒在衝擊與喜悅之間反覆。辰艾和坐在她面前的我，不禁大笑出聲。

「醫生，看來我得再去地下停車場看看了。我作夢也沒想到，真的是如您所說的樣子。怎麼會有這種事呢！」

步出諮商室的辰艾，不久後發來訊息：「醫生，我去地下停車場轉了一圈，果真是修車廠老闆和拖吊車司機提醒我身為女人的事實。」

接著，另一則訊息更讓我驚訝。她說擦撞意外發生之後，有如閃電般立刻趕來現場的年輕拖吊車司機，在她眼中就像是來拯救自己的守護者。司機像哄孩子一般，把她照護得無微不至，並且親切地將自己送往目的地。在他的貼心舉動中，辰艾深刻感受到自己曾經一度遺忘的、被人呵護的感受，以及在拯救自己的強壯男性面前，身為一名女性的事實。看著拖吊車司機細心地照顧事故的汽車和自己，辰艾在被送回家的路上，甚至一度想與拖吊車司機來場說走就走的旅行。

我和辰艾都同意，她內心的女性慾望想要再次感受那短暫而強烈的悸動。所以透過身體的症狀與精神上的不安，引導著辰艾盡快重新回到意外發生的現場。

最自我的風格，就是最有女人味的

對女人而言，如何檢視自身的女性特質，是非常重要的。比起生死問題，女性所面臨更重要的課題，也許就是「我是不是女人」。

許多受父權及傳統束縛的女性，她們檢視自身女性特質最簡單的方法，便是透過自己在男性目光中的容貌，以及在男性言語中的形象。所以，即使明知他們說的是花言巧語，也仍心甘情願被耍得團團轉。而當男性投向自己的目光和話語逐漸減少時，她們能夠證明自己是女人的方法也隨之減少。

如果不想透過他人的目光和話語來肯定自己，或者當男性目光不復存在時，還有

其他方法可以證明自己是女人嗎？那時的我們還能以一位貨真價實的女性，過著滿意的生活嗎？當然，我個人主張比起「女性」的身分，我們更應該去尋找作為「一個人」本該有的滿足，以此來面對未來的生活。

電影《寄生上流》導演奉俊昊在他的得獎感言中，因引用馬丁・史柯西斯（Martin Scorsese）說過的話，一時蔚為話題：「最個人的想法，就是最有創意的。」

我想換個方式說：「最自我的風格，就是最有女人味的。」

一位終其一生奉獻職場的七十多歲傑出女性，在深入探索自我後，發現自己內在的性慾已經被埋藏了好長一段時間。我也聽說過一些個案，好不容易看清自己真正的需求，卻窮盡心力去尋找能滿足自己需求的對象。聽到這些狀況的當下，我的內心總會發出一聲嘆息，因為在我看來，能發現自己內在的需求已經相當不容易了，只是她們解決的方法仍然不夠成熟。

年長女性自由享受性愛，並非怪異或壞事，但是一想到她們盲目地尋找對象，我便無法完全贊同。「內在的性慾一定要透過性行為解放」或是「只要釋放性慾，一切需求都能得到解決」，這樣的想法太過淺白。**如果非得透過男性的目光來證明自己的魅力，才算是女人，這種美麗終究無法長久。**

在決定論文主題的一場訪談中，有位美麗的女性曾對我說：「人家不都說女人上了年紀就是罪嘛！」

對我而言，這句話是相當令人震驚的。我不禁嘆息，為什麼女性特質和母性，總是要被限制在這種肉體和性的框架之中？也有不少女性放棄從男性目光來證明自己，轉而向子女傾注大量的母愛，想藉此證明自己。

除了這些方法，我們還有非常多可以走出自己道路的選擇。

所謂的「獨立自主」

佛洛伊德說：「愛是由彼此的匱乏所創造，源於相信對方能滿足自身匱乏的投射。」他也說，唯有能自我滿足，才能真正地愛人。換言之，不必依賴他人，而能自給自足時，才有能力真正付出關愛。即使得不到任何回饋，也有足夠的勇氣相信自己，維持平靜且從容的態度。

我自己在接受精神分析的過程中，也特別留意這個部分。並不是因為期待會有多了不起的變化，或是想藉此發掘正向的自己。

我開始相信自己的時刻，反倒是在我沒有任何人可以依靠的時候。在人生最黑暗的時刻、在我以為一切的支撐都消失不見的時刻、在唯一可以信任的只有自己的時刻，我才得以看見最真實的自我。那時的我，並不是充滿自信且勇往直前的最佳狀態，反倒是意志搖擺、深感恐懼與不安的模樣。

所謂的「獨立自主」，不是指實質上的獨立或經濟上的自立，而是指能夠成為自

我滿足的人，從此不再將自己的快樂與自我滿足的權力拱手讓人。唯有如此，才能不再害怕挫折，也才能愛上孤獨。

「愛是由彼此的匱乏所創造，源於相信對方能滿足自身匱乏的投射。」

——佛洛伊德

如何愛上無聊的日常

「
　　細看方知美麗，久看才解可愛。
　　你也是如此。
」

依賴性強的人經常說的話，少不了這句：「我的能力不夠。」看似是一句看輕自己、妄自菲薄的話，而聽到的人，也總是急忙丟出鼓勵與安慰：「怎麼會這樣想呢？」、「才不是那樣的。」、「你要好好愛自己、照顧自己！」然而，我們實在有必要好好思考這些話。

我過去在閱讀時，偶爾會讀到令人驚豔的句子。這些句子在修道院生活時尚未思考清楚，直到後來我學習了精神分析，並且嘗試自我探索後，才逐漸理解了背後的含意，相當有趣。

在義大利哲學家兼評論家喬治・阿甘本（Giorgio Agambe）的《詩節：西方文化中的詞與魅影》＊一書中，可以看見中世紀修道者借

用「正午來訪的惡靈」一詞，來形容修道院生活中充斥的無力感。「竟然說懶惰是惡靈。」從心理上來看，兩者似乎有著深刻的關聯，我也讀得津津有味，「原來中世紀的教父們，是用這種方式來形容懶惰的。」書中接著說道。

「正午來訪的惡靈（懶惰），將強迫症植入修道者的腦中，使其發揮詭異的想像。這個想像使修道者心懷醜惡之事，為無力感所籠罩，變得心神不寧，進而無法專注於學習。」於是抱怨和不滿日漸增加，修道者開始一邊嘆氣，一邊擔心自己的靈魂無能為力。最後演變成生活日復一日，腦中空空如也的情況。同時變得好高騖遠，卻對眼前可以立刻執行的事情感到厭煩。

這裡所說的「懶惰和無力」，與現代心理學中的各種憂鬱症狀雷同。憂鬱雖然有被某種力量控制，因而無法擺脫無力狀態的深層問題，卻也有選擇性採取負面手段來攻擊自己的傾向。嘴上說著擔心自己無能為力，實際上也可能是什麼都不想做。

───
＊註：原書英譯本為《Stanzas Word and Phantasm in Western Culture》，無中譯本。

在情緒上的懶惰與身體上的勤奮之間

正如阿甘本在書中所說：「懶惰源於希臘文的無心」。讀到這段，我不禁拍了一下大腿，就是這個！人際相處時發生的許多問題，尤其是親子之間，都與「無心」於細微的小事有關。我們必須先思考什麼是「關心」，以為已經付出足夠關心的人，在經過思考後，或許不難發現自己也只是關注自己有興趣的部分而已。

在這當中，也包含了投機取巧。努力是努力，不過，也可以用稍微懶惰的方法努力。依賴與投機取巧的另一面，有著極其相似之處。母親若要全神貫注在孩子的要求與狀態，是非常耗費精神的。如果用更簡單的方法來解釋，可以說無心的母親等於懶惰的母親，不過，這並非是指實際上的懶惰，而是情緒上的懶惰，是「想方設法減少付出關注的態度」。

這和身體上的勤奮不可混為一談。弔詭的是，許多人正過著勤奮卻又懶惰的生活。我們為了遠離自己，或者為了逃避自我思索，反倒以極度的勤奮，也就是身體上的犧牲自處。

詩人羅泰柱有一首家喻戶曉的詩──〈野花〉。

「細看方知美麗，久看才解可愛。你也是如此。」

想要全神貫注地細看、久看對方，我們得先達到什麼樣的境界？

一向溫柔的母親真的愛我嗎？

有位女性個案曾告訴我，她深愛也依戀著一向溫柔善良且優柔寡斷的母親，但是卻不明白自己明明得到了那樣的愛，為何會淪落到必須接受精神分析的地步。

在諮商的過程中，她提起母親，越發現母親的善良其實是疏忽與無心，也對於自己說出這樣的事實深受打擊。雖然母親平時溫和謙讓，總是選擇容忍，但實際上，卻從不過問子女的想法，也完全不想過問或試著了解子女正經歷什麼樣的困難。

她說得越多，心理諮商師問的問題越具體，越是發現自己一直以來感受不到母親絲毫的關心，並對此深受打擊。接著，她突然對自己丟出這樣的問題：「那麼，媽媽究竟把心思放在什麼地方？她到底人在哪裡？」

並不是勉強自己努力，就能真正關心子女的一舉一動。我想把這種無微不至的關注，改稱為「愛」。只有腦中只想到自己的時候、心思沒有放在外界的時候，以及不被自己的憂慮、不安、想像所控制的時候，才會對外界毫不在意。

努力想在某人面前表現，或是意識到他人的目光而刻意付出關注，都只會讓努力的方向轉往莫名的地方。對他人的關注，必須與為他人無私奉獻有所區別。因為當我們對某人付出的關心勝過自己時，代表想藉由對方來證明自己的慾望更為強烈。唯有不喪失對自己的愛，才能理智地決定付出的優先順序，也才能無微不至的付出。換言之，當自己內心有個堅定不移的標準時，這一切才有可能發生。

從懶惰邁向愛

　　長年從事精神分析，我自然而然養成了觀察入微的態度。有趣的是，即使是平時不怎麼被重視的一些家庭瑣事，或是料理的步驟，我也開始留意。這樣的感覺，與被迫關注自己必須承擔的角色頗為不同，因為這些小事是我主動關心的。

　　我喜歡在辦公室泡拿鐵，雖然整個過程非常繁瑣。要先沖咖啡（雖然是咖啡機）、打奶泡，再清洗咖啡機、擦乾奶泡機，結束一連串複雜的程序後，才能獲得一杯拿鐵。但這些過程並不令我厭煩，反倒像是一種儀式感讓我感到快樂。

　　這種喜悅不僅能從事物上感受到，對於他人，尤其是身旁親近的人，也能發現關注的目光逐漸改變。一位曾經一起共事過的女同事，說自己原本忙於工作，覺得洗澡太麻煩，總是草草了事。某天，發現自己將浴缸放滿水，倒進精油後，舒適地享受沐浴，不禁開懷大笑。

　　套用上述中世紀教父的說法，這可以說是從「懶惰邁向愛的過程」。專注於自

己，便能留心身邊事物與周遭情況。換言之，懶惰是無法愛人的狀態，而無心則是缺乏愛的狀態。所以，懶惰和疏忽會讓人變成無能為力的人，同時也是人們逃避實踐與付諸行動的手段。

懶惰不只是身體上的懶散，更是逃避自我的行為。如果連細微瑣事都難以全神貫注，那麼，你很可能是被潛意識的某個地方、某個事物所蒙蔽了。

唯有不喪失對自己的愛，才能理智地決定付出的優先順序，也才能無微不至的付出。

遇見全新的我

> 「我們無法回到負面記憶出現前的狀態，
> 但是絕對能帶著這些傷痛
> 進行自我療癒。」

有時我們孤軍奮鬥，努力付出一切，卻在某一瞬間停下腳步時，發覺自己沒有好好回顧往日的歲月。我在修道院十年的生活並不算短，然而離開修道院，轉向學習精神分析後，卻無暇顧及這十年的生活。當時只是埋首在精神分析理論和研究中，想透過這些框架來理解自己。

某天，我突然出現這樣的想法：「為什麼我對以前的生活那麼不在乎？」雖然沒有必要過度美化過去，但是對於分明「經歷過」的歲月，我為什麼沒有想到要在心裡做出完整的詮釋，再賦予它重要的意義呢？於是我透過以下兩種方法來回顧自己的過往。

追尋自我的兩種方法

首先是找一位值得信賴的精神分析師，在諮商過程中試著以言語來描述自己。以言語描述各種實際事件與個人內在的衝突與幻想，能有助於重建過往歲月並賦予其象徵意義。雖然與朋友或家人對話也可以，不過，當我們確信某人願意充分聆聽我們的話，而不帶任何評論、判斷或情緒時，將會帶給我們截然不同的體驗。而這樣的人，正是精神分析師。

找到合適的精神分析師並不容易。比起學歷，我更看重深入檢視我過往的意願。在那些被稱為心理諮商師、精神分析師的人當中，不乏總是急於想將個案的狀況套入自己深信不疑的理論框架中，對此提出解釋與分析，這種現象不分男女。當然，他們隱藏得非常巧妙，幾乎難以察覺。此外，我還想建議，別尋求一昧要求個案依照社會期待而矯正自我的治療師，他們的作法或許能幫助個案成為高度社會化的人，但可以肯定的是，個案必定會逐漸遠離自我，忘卻自我滿足的方法。比起符合社會形象，最重要的是找到真正適合自己的精神分析師。

幾年前，我曾服務過的精神科診所，位於首爾鐘閣站附近。那附近曾經一度架起路障，進行開挖遺跡的工程，我喜歡站在診所位於的高樓層上，眺望工程現場。每當提筆寫作時，只要呆呆地看著面貌逐漸清晰的遺跡，時間總在不知不覺間流逝。

那時我心想：「原來人類是如此執著於尋找過去，再加以修復、保存，只為用來**理解現在**。一個人的生命歷程也應該和這樣差不多吧！不必受到過去束縛，也不必怪罪過去或戀棧過去，只要面對最真實的自我就好。在過往的歲月中，必定會有能用來理解自我的關鍵。」後來在閱讀許多書籍的過程中，我也發現到偉大的佛洛伊德早就用考古遺物來比喻精神分析了。

被泥土覆蓋、水泥遮蔽的遺跡附近工地上，排列著堅固的路障，在開挖者小心翼翼的動作下，遺跡逐漸恢復原貌。這樣的工程現場猶如諮商室。走進諮商室，彷彿進入只有心理師與個案存在的空間，進入一個安全且與外界斷絕的另一個世界，就像為了保護遺跡開挖區而在附近架起堅固的路障一樣。

遺跡因為有路障的保護，在安全且堅固的開挖區裡逐漸顯露原貌，不必受到外界美醜、好壞等價值判斷的影響。它只是待在原來的位置上，而人們也只是研討如何將它和現在的我們聯繫起來。諮商室也一樣。在諮商室裡，高度社會化的各種價值與判斷被隔絕在外，沒有任何介入的可能。我們在此小心翼翼地清除被過往歲月蒙上的灰塵與痕跡，以便能看見聯繫過去與現在的關鍵正在閃閃發光。

第二個方法是書寫自我。這可以獨自進行，不過，需要更高的自制力與意志力。因為這必須規律、反覆地進行，不能中斷。專職寫作的作家經常這麼說：

「文章寫得好不好完全不重要，重要的是每天誠實寫下自己內心的想法，哪怕只有一行也好。逐漸熟悉並且找到自己的節奏後，你會發現自我意識的流動變得更加自由奔放，連精神分析師都難以追上，甚至寫文章的速度比腦袋動得還快。」

我的老師曾經這樣形容：「寫書是將符號丟向這個世界的行為。」符號正是我們

自己。即便目的不在於出書，只要持續以言語或文字表達自我，就能不斷留下符號，讓自己發光。這樣的行為等於「存在」。經過書寫、修改、再書寫的反覆行為，這些文字又將成為另一個我，與自己對話。無論是什麼樣的內容，寫作有時也像是不斷自我淨化的過程。

潛意識無法抹除

我在與許多個案進行精神分析時，偶爾會遇到一些急著排除自己內在負面情緒的人，幾乎到了強迫症的程度。看著他們不停評論自己的想法與行為，並為自己定罪的模樣，不禁感到惋惜。先以結論來說，精神分析並不是要去除或導正負面、有問題的地方，進而創造一個健全的人格。坦白說，那是不可能的，也沒有人能完全去除內在的負面與陰暗。

任何一位精神分析師，都不是經過嚴格的自我修練和淨化，進而將所有負面因子

或缺點去除的聖人。我們的目的在於引導個案認識自己的軟弱，進而接受軟弱也是自己的一部分。**在此過程，人們將可重新詮釋脆弱，認同其為自己的一部分，並與之和諧地共度一生。**

在從事精神分析工作的人們之中，也有許多專家不斷解構個案的潛意識，去除潛意識中隱藏的負面因子，試圖引導個案回到最完美的狀態。然而，有待處理的問題無窮無盡，不可能全部清除。因為專家也不是完美的人，他們既不是完美的母親，也不是最理想的人。

這種態度無異於帶著刻板印象，去看待我們潛意識中黑暗的一面，就像許多人都認為母性理當美好的刻板印象一樣。然而，我在拉岡的精神分析案例中學到一點，那就是潛意識並非一成不變。換言之，壞人不是絕對的惡，好人也不是絕對的善。當然，極端的犯罪是例外。

也就是說，我們和誰處在什麼樣的情況下，或者建立什麼樣的關係，都會影響潛

意識的狀態。在某些人面前，我們可能是非常善良的好人，在某些情況下，卻可能是相當惡劣的壞人，人類就是如此。並非因為受到他人的影響，就能把原因歸咎到別人身上，一切都在雙方互動中發生，而當我們無法保護好自己時，問題便就此發生。懂得保護自己，才能保護他人、保護子女。唯有如此，我們才能不被他人的需求與慾望左右，任何事情都能做出最合適的選擇。

如果選擇了善良，選擇發揮母性的美好，就不必刻意追隨刻板印象中的母性和善良人性，而應該專注在自己身上，並且和自己保持一定的距離。為了不被他人的需求與慾望左右，我們應先檢視自己內在的需求與慾望，評估它們正帶來什麼樣的影響，並且隨時張開自己的耳朵，傾聽自己內在發出的聲音，而不是外在的言語。

以為自己是好母親的人，可能在無形中對孩子造成傷害；責怪自己是壞母親的人，也可能為了子女而完全放棄自己。我想說的是，母親這種身分是有無限可能的。為人母親，以及身而為人，都必須永無止盡地思考。看著不停思考的母親，孩子自然不會停止對個人生命的探索。

不是回到過去，而是攜手前進

這句話聽起來或許有些矛盾，不過，我個人向來不太喜歡人們經常使用的「治癒（curing）」一詞，因為它給人的感覺像是回到事情不曾發生的狀態一樣。已經發生的事情是無法挽回的，同樣的，已經造成的傷害也無法抹滅。

而我們所要做的，不是將身體和意識所記憶的創傷與匱乏徹底清除，而是重新理解、定義，並在這個過程中，減緩它為我們所帶來的負面影響，進而從新的角度觀照自己的生命。在這樣的意義下，「療癒（healing）」一詞要比治癒更貼近真實情況，也對我們更有幫助。這也是為什麼我們的人生即使帶有某些創傷，也能夠獲得療癒的原因。

前面提過，我們經常能聽見「我本身有一些心理創傷」這樣的說法，看似是在說「因為我經歷過這樣的事，所以某些事我辦不到。」不過，我無法完全認同。因為他們並沒有真正理解心理創傷，而是把沒能完成某些事（儘管自己並不想做）當成心理創傷導致，而以此作為逃避的藉口。如果有能力說出這些話，代表那並不是心理創

傷，只是一段不堪回首的記憶。也有許多人因為真正的心理創傷而毀了一生，甚至被創傷壓垮，只能永遠活在痛苦之中，而無法向前邁進。無論是心理創傷，還是不堪回首的記憶，我們都無法徹底回到不曾發生過的狀態，只能帶著它們繼續前進。

經過書寫、修改、再書寫的反覆行為，這些文字又將成為另一個我，與自己對話。

享受無聊生活的力量

> 努力發掘日常中
> 能自我滿足的小小行程，
> 更具有意義。

許多心理學家都說，乏味無聊的生活容易造成人們產生各種心理疾病。這裡指的「無聊」，不是因無事可做而感到無趣。「無聊」這個詞彙，可能有各種含意，而每個人對於無聊的感受，也包含著不同的意義與經驗。為了避免無聊而被創造出來的東西，便是「工作」。

我們身邊的工作狂朋友，總是說自己「實在太累，連移動手指的力氣都沒有了」，也常抱怨「真想逃離這一切，什麼事情都不想做」。但等到真正有了空閒，他們卻又閒不下來。為了逃避時間空白帶來的空虛，總是想方設法欺騙自己、說服自己繼續忙碌。當然，將忙碌視為美德的社會風氣，也是導致人們無法真正面對無聊的重要原因。

有時候累到什麼事都不想做，只想靜靜的待著，卻總想吃些什麼（儘管肚子並不餓）。這種時候，正好應驗了達里安・李德爾引用精神分析師奧托・費尼謝爾（Otto Fenichel）所說的話：「無聊建立在口腔的基礎之上。」口腔也是孩子生命中第一次與母親乳房接觸的器官。孩子與母親乳房的關係，不僅僅是為了生存而吮吸，孩子一方面藉由乳房獲得生存的保障，一方面也享受於吮吸的快感。就像大人將香菸或食物含在嘴中，這個觸感能帶給人們遊戲的感覺。透過這個極為簡單的媒介，就能讓人逃離無聊與空虛帶來的空白狀態，證明自己依然活著。

因為無聊而感到不安的人

　　不安也是如此。即便現實生活中沒有任何危險降臨，許多女性仍自尋煩惱，製造想像的不安。當一個不安解決後，又轉向另一個不安，一再反覆，不肯放下心中的焦慮。因為不安，該做的事情不斷增加；也因為不安有著穿透人心的力量，所以讓人有活得充實的感覺。

每當我這麼說的時候，一定會有人反駁我：「誰會刻意想感受不安？」我的意思不是許多女性喜歡不安，所以自尋煩惱，而是說她們利用不安，忙著將自己推向某個地方。換言之，她們最終的目的並不在於解決煩惱。

智敏的丈夫正在衝刺事業，每天都忙到凌晨才回到家，所以得上班，又得照顧孩子們的智敏，生活過得相當忙碌又孤單。丈夫為了換取家人經濟上的富裕，工作忙得昏天暗地，沒有時間參與三個孩子的教養。智敏非常不願意將孩子交給別人照顧，只好一個人辛苦，以至於她經常抱怨：「錢再多，生活還是累得像條狗，令人憂鬱。」

我曾經這麼問她：「如果孩子被安置在非常安全的地方，給妳自由運用的時間，妳願意嗎？」

智敏陷入一陣沉思，隨後想起一件事。她說之前丈夫下定決心給她一個假期，她可以有兩天自由運用的時間，但她卻坐立難安，不知道該做什麼。那時什麼感覺也沒有，只是整天發呆，感覺整個人都消失不見了。

人們因為無聊，所以劈腿；因為無聊，所以刺激身體出現一些症狀。接著，一方面抱怨為了解決、治療這些問題，使自己精疲力盡；另一方面卻又慶幸有這些事，才能逃離自己重要的情緒或必須面對的課題。

職場女性嘴上說著自己被工作淹沒，再也忍耐不下去，然而當工作結束後，卻又閒不下來。雖然打著經濟上的原因不願辭去工作，但那也許不是真正的理由。至於身為家庭主婦的女性，因為每分每秒都在擔心孩子，所以她們不允許自己有任何的空白。對她們而言，空白不只是單純的無聊，更有種接近死亡狀態的感覺。她們不厭其煩地檢視自己的人生，而這個慾望使她們永遠與無聊的生活絕緣。

因為無聊而爭吵的人

有時丈夫或妻子過度包容，另一半反而會因為忍受不了相安無事的和平，而挑起爭端。仔細聽完他們的做法，有些人是挑起無關緊要的是非，有些人則是找連自己都

覺得無理取鬧的碴，刻意引起爭執。就以丈夫來說，他們會從毫不起眼的小事下手，故意做出讓人誤會的行為，引發妻子的懷疑，最終造成夫妻間劇烈的爭吵。換句話說，他們正反覆利用這種方式來追求刺激與快樂。

快樂，並非多麼了不起的情緒。任何事情都會帶來反應，如果把過程中產生的情緒全部抽離（無論是好是壞），我們將會發現那不過是感官上的碰撞與互動。假設有對夫妻整天吵個不停，他們前往心理諮商中心，獲得能改善夫妻關係的建議後，嘗試利用這些方式減少爭吵，也的確過著相安無事的生活。但是對他們而言，這真的是最好的辦法嗎？和平相處、相敬如賓的夫妻生活，不是為了滿足人們的刻板印象嗎？在刻板框架所建構出的關係中，那對夫妻真能過著理想的婚姻生活嗎？這是需要深思的問題。

電影裡，男女主角在克服種種困難後，通常會以「從此兩人過著幸福快樂的日子」結尾落幕。然而，落幕之後的生活，才是現實的生活。這對夫妻為改善彼此的關係而努力，儘管是值得稱許的，不過也可說他們早已習慣以之前極端爭吵的方式，來

探索彼此、維繫關係。刺激與反應帶來的快樂一旦消失，兩人的關係甚至可能走向凋零。因為變得無聊了，而無聊的狀態是不被接受的，在任何關係或生命中都是。

當然，暴力的相處模式如果逾線，也可能走向無法回頭、兩敗俱傷的危險後果。當這種刺激與反應發展到極端時，令人無法招架的破壞力與痛苦也將隨之發生。所以我們必須再三反省自己是否因為無法忍受無聊，反而導致自己承受了某種痛苦與症狀。貿然勸說他人和好，反倒可能剝奪了他們暗中享受的快樂。我們需要的不是破壞自己或他人的方式，而是思考是否有其他的方法，能讓自己發掘出真正的快樂。

我們必須認識在無聊狀態下的自己，究竟是什麼樣的人。然而，如果不想透過具有破壞力的方式發掘自己的快樂，並持續這樣的快樂，該怎麼做才好？而我們又該如何在不壓榨對方，不侵犯孩子人生的前提之下，維繫自己真正的快樂？首要任務是把目光放在自己的內心，帶著好奇觀察、感受內在的各種聲音，也就是說，我們必須對自己感到好奇，學會向自己提問。

許多母親總說：「我要多了解我的孩子，才知道怎麼幫助孩子啊！」我希望各位母親能換成另一種說法：「我要多了解自己是什麼樣的人、渴望什麼，自己的慾望和快樂又在哪裡，才知道怎麼幫助自己。」唯有知道自己真正需要的是什麼，未來在對孩子提出要求時，才能設定好明確的界線，也才能適時放手。

建立自己的日常行程

我週末時也會安排諮商，所以固定週一休息。週一上午，我總會前往離家不遠的同一間咖啡館，坐在同一個位置上，一邊啜飲咖啡，一邊閱讀、寫作，這樣的時間是我一個星期之中最期待的。為了大幅提升這段時間的快感，其他日子即使有空閒，我也會忍著不去咖啡館。另外，雖然平日經常工作到深夜，不過，週日晚上我一定早早入睡。因為這樣一來，我才能在週一早以絕佳的身體狀態起床，並且在路上最空曠、陽光最明媚的時候，抵達咖啡館。

每次想到週一上午，我總是滿心期待、心情愉悅。我一直努力建立這種看似微小，卻是個人專屬的日常行程，也正一點一滴地增加中。儘管微不足道，卻得花費許多心力來維持。我也想藉此擺脫他人的束縛，用自己的力量感受生命的喜悅與快樂。

我身邊的許多作家，也說過類似的話：「為了在每天最美好的時刻坐下來專注寫作，必須先調整好其他行程和身體狀態。」換言之，要讓某件事成為最快樂、且樂此不疲的事情，需要像修行一樣的反覆練習。

即使不是為了追求多麼偉大的自主人生，至少這個小小的改變，就能讓自己不再依賴他人，不再從他人身上尋找自己生命的滿足。

對我而言，除了諮商室和住家，以及一週進行一次的教育分析之外，生活中沒有其他特別的活動了。即使這樣單純的生活反覆上演，我也不覺得無聊。應該說，我根本無暇顧及無不無聊。那是因為我品嘗到了從自己身上發掘快樂的滋味。無論是誰，無論處於什麼情況下，都能達到這個境界。

有些人說：「像那樣生活，幾乎等於是修行了吧？」這是有可能的。雖然只是一件小事，但想要維持下去，必須有自我克制的能力，所以稱之為修行也無妨。但是對人生已走到這一步的人，尤其是讀到這本書的你，一定會知道。知道跟著感覺走所得到的快感不可能長久，也知道這個快感和舒適的狀態，不會如你所願那般隨時出現。

希望各位別讓實現個人快樂與滿足的權利拱手讓人。責怪生命或陷入憂鬱，注定只是虛耗人生。與其漫無目標尋找某個對象，藉此滿足我們對生命的迷戀與愛情，不如努力發掘日常中能自我滿足的小小行程，相信會更有意義。

「無聊是遮蔽虛無的帷幕。」
——赫爾伯特‧普格（Herbert Plugge）

參考文獻

1. 大韓聖書公會聖經編輯組、大韓聖書公會，《中文和合本聖經》。

2. 麥可·艾根，《*Toxic Nourishment*》（《毒營養》），Routledge，1999。

3. 卡特琳娜·瑪德琳，《*Raisins verts et dents agacées*》（《拉岡與兒童精神分析》），DENOEL，1993。

4. 布魯斯·芬克（Bruce Fink），《*A Clinical Introduction to Lacanian Psychoanalysis: Theory and Technique*》（《拉岡與精神醫學》），

5. 肖恩·霍默（Sean Homer），《導讀拉岡》（簡體譯本），重慶大學出版社，2014。

6. 茱莉亞·克莉斯蒂娃，《*Au commencement était l'amour: psychanalyse et foi*》（韓譯《愛的精神分析》），Hachette，1985。

7. 達里安·李德爾，《*Promises Lovers Make When It Gets Late*》（《戀愛時我們的甜言蜜語》），Gardners Books，1998。

8. 佛洛伊德，《性學三論：愛情心理學》，志文，1990。

9. 佛洛伊德著，約瑟夫‧桑德勒（Joseph Sandler）編，《The Harvard lectures》（《佛洛伊德哈佛演講》），Routledge，1992。

10. 塞爾日‧安德烈（Serge André），《Que veut une femme?》（《女人要的是什麼？》），Contemporary French Fiction，1995。

11. 瑪德琳‧戴維斯（Madeleine Davis）、大衛‧瓦爾布里奇（David Wallbridge）共著，《Boundary and Space》（《邊界與空間》），Karnac Books，1981。

12. 布魯諾‧貝特罕（Bruno Bettelheim），《A Good Enough Parent: A Book on Child-Rearing》（韓譯《父母做到這樣就好》），Vintage，1988。

13. 茱莉亞‧克莉斯蒂娃，《Le génie féminin, Melanie Klein ou matricide comme》（《精神病，弒母，以及創造性：梅蘭妮‧克萊恩》），Fayard，2000。

14. 朴又蘭、金善浩共著，《小學生自尊心的力量》，Gilbut，2019。

15. 喬治‧阿甘本，《Stanzas: Word and Phantasm in Western Culture》（中譯為《詩節：西方文化中的詞與魅影》），University of Minnesota Press，1993。

女兒是吸收媽媽情緒長大的

作　者　朴又蘭

譯　者　林侑毅

發行人　林隆奮 Frank Lin

社　長　蘇國林 Green Su

出版團隊

總編輯　葉怡慧 Carol Yeh

主　編　鄭世佳 Josephine Cheng

企劃編輯　楊玲宜 Erin Yang

責任行銷　鄧雅云 Elsa Deng

封面裝幀　鄭婷之 zzdesign

內頁插畫　鄭婷之 zzdesign

版面構成　譚思敏 Emma Tan

行銷統籌

業務處長　吳宗庭 Tim Wu

業務主任　蘇倍生 Benson Su

業務專員　鍾依娟 Irina Chung

業務秘書　陳曉琪 Angel Chen

　　　　　莊皓雯 Gia Chuang

行銷主任　朱韻淑 Vina Ju

發行公司　精誠資訊股份有限公司　悅知文化

105台北市松山區復興北路99號12樓

訂購專線　(02) 2719-8811

訂購傳真　(02) 2719-7980

專屬網址　http://www.delightpress.com.tw

悅知客服　cs@delightpress.com.tw

ISBN：978-986-510-173-2

建議售價　新台幣380元

首版一刷　2021年10月

二　二刷　2023年11月

國家圖書館出版品預行編目資料

女兒是吸收媽媽情緒長大的：即使不曾被愛，也能
愛人。獻給世上所有女兒、母親、女性的自我修復
心理學／朴又蘭 著；林侑毅譯.
-- 初版 .-- 臺北市：精誠資訊股份有限公司, 2021.10
面；　公分

ISBN 978-986-510-173-2 (平裝)

1. 女性　2. 自我實現　3. 女性心理學

177.2　　　　　　　　　　　　　　　110014547

線上讀者問卷 TAKE OUR ONLINE READER SURVEY

細看自己，
就能看見母親。

—————《女兒是吸收媽媽情緒長大的》

請拿出手機掃描以下QRcode或輸入
以下網址，即可連結讀者問卷。
關於這本書的任何閱讀心得或建議，
歡迎與我們分享 ☺

https://bit.ly/3gDlBez